藤代三郎

外れ馬券を撃ち破れ

ミデアム出版社

目次

第一章　返し馬の真実――7
パドック診断はむずかしい――8
馬券のヒントはどこに？――12
ステイゴールドだ！――16
またステイがきた！――20
競走馬カクテルを飲んだ夜――24
自宅にいてもダメなものはだめ――28
１００円馬券師に早くなりたい――32
これが１％のレースだ――36
オウノミチの単を買え！――40
久々にＷＩＮ５が的中――44
シゲ坊、ただいま絶好調――48
ボウズの日々はいつ終わる？――52
的中率がなんと１・６％！――56
競馬ワンダラーのこと――60

目次

思い切り叫ぶと競馬は楽しい――64
藤田菜七子との相性――68
返し馬診断が当たった――72
悪夢の東京開催はこうして乗り切ろう――76
若者たちの声援に感心――80
どの馬券を買うか、それが問題だ――84
2列目を重視せよ――88
軽視するとくる!――92

第二章　3連複1点買いの秘密――97
そのままそのまま!――98
たくさん買うと、たくさん負ける!――102
一度に取り戻そうと思うな――106
1000万馬券レースで「よし!」――110
えええええっ、お前だったの?――114

「複勝＋ワイド」で行こう！ 118
福島の朝にシマノと蕎麦 122
複勝が当たらない 126
オサムが全場制覇をした夏 130
小倉の鉄鍋餃子 134
流れを変えるな 138
叫び方がデタラメだ 142
「返し馬動画」を見たい 146
トウショウオリオンのこと 150
ワイドを買え 154
空気読めよお大知 158
本年ワーストの負け！ 162
「ン」の法則が大復活 166
この楽しさが続きますように！ 170
ギンゴーは返し馬がいつもいい 174
3連複1点予想が的中！ 178

目次

チャラでも楽しい 182
3連複作戦もむずかしい 186
人気薄が激走した日 190
こいアッゼニ！ 194
佐賀競馬場からのメール 198
通過順が縦表示になった日 202
500キロ以上の馬を買え 206
オサムに神が舞い降りた日 210
「有馬記念タオル」は東京競馬場で売ってない 214
あとがき 218

初出／週刊Gallop
レース結果／週刊Gallop
（レース結果欄の予想印はサンケイスポーツ本紙予想です）

装丁／カバーイラスト　高柳　一郎

第一章　返し馬の真実

パドック診断はむずかしい

　素人がパドックを見ても馬の調子などわからない。ずいぶん以前、競馬記者と一緒にパドックを見ながら、馬のどこを見ればいいのか教えてもらったことがあるが、全然わからなかった。ほら、あの踏み込みがいいですよねと言われても、その前を歩く馬とどこが異なるのか、いくら凝視してもわからないのだ。それでも毎週、競馬場やテレビのパドック中継をかなり真剣に見るのは、これは絶好調だよなと素人でもわかるときがあるからである。そうして馬券を当てたことは数えきれない。その最高のヒットは、サニーブライアンが勝った１９９７年の皐月賞で、パドックで超ぴかぴかだったあの馬を見なければ５００倍の馬連は取れなかっただろう。もっとも最近のＧＩでそういうヒットはまったくなく、たとえば２０１５年の秋の天皇賞のパドックでいちばん良く見えた馬はサトノクラウン（7番人気）だが、なんと17着。２０１５年の有馬記念のパドックではワンアンドオンリーが良く見えたが、こちらは10番人気で9着。最近、私のＧＩパドック診断は全然当たらない。

ＧＩに限れば、２０１４年の皐月賞（イスラボニータ）が最後だ。

もう一つは、縦の記憶を持っているか、ということがある。つまり、こういう体で激走したことがあるかどうか、という馬の個性だ。１９９６年春の天皇賞を勝ったサクラローレルという名馬がいたが、この馬はいつもパドックで良く見えない馬で、最初のころは何度も騙されてしまった。そういう体で勝っちゃうのである。それがサクラローレルの個性だったのだろう。いつも太り気味の体で激走する馬もいれば、パドックでチャカつきながら勝つ馬だっている。そういう縦の記憶というか、知識を本来なら持っていなければいけないのだが、記憶力が悪い私は、前走や前々走のことなど覚えていないので、こういうときに全然役に立たない。にもかかわらず、毎週私はパドックを見る。見なきゃよかったなあということもないではないが、ようするにパドックを見るのが好きなのだ。いかにも競馬と向き合っているような気がしてくる。

というわけで、２０１６年の初日は京都1Rで初当たり。３歳未勝利のダート１８００m戦だが、②リリーシューター（4番人気）が4コーナー後方からよくもまあ届いたようなという脚で3着し、その複が２１０円。ＷＩＮ５の資金作成のための複ころ1回目がとりあえず成功したわけだ。この②リリーシューター、ネオユニヴァース産駒の初ダートで狙う根拠はもともとあったのだが、パドックの気配が良かったのも馬券の後押しである。

失敗は複ころ2回目に京都4Rを選んでしまったこと。この日のWIN5は京都9R初夢Sから始まるが、実は京都4R以降に候補馬がいなかった。じっくり待てばパドックで光る馬が現れるかもしれないのに、それを待てなかった。で、京都4R（4歳上ダート1800m戦）の④ヤマカツライデンに6300円を入れてしまった。7番人気で7着だから、人気通りに走った④ヤマカツライデンは悪くない。複ころ2回目をこの馬で実践した私がいけない。

たとえば京都5R（3歳未勝利の芝2000m戦）まで待てば、⑪サンライズサーカス（4番人気で3着）がいたのである。6300円をこの馬に入れていれば、複勝が180円ついたので、WIN5の資金はほぼ達成できていたことになる。もっともその直前の中山5R（3歳未勝利の芝2000m戦）でも①パルクフェルメ（6番人気で5着）がパドックで光っていたから、京都4Rを見送ってもこの中山5Rでドボンしていた可能性が高い。問題は、ここまでパドックで選んだ4頭のうち2頭が3着以内にきたことだ。半分はこなかったのに、「半分はきた」という事実があるのだ。この事実を前にして人間は何を考えるか。今日のパドック診断は当たるかもしれない、と思っちゃうのである。バカかお前は、と言われても返す言葉がない。

6R以降のパドック診断で私が選んだのは5頭。中山7Rの⑥ポロス（15番人気で10着）、中山8Rの⑦コンドルヒデオ（5番人気で6着）、中山9Rの⑨クラーロデルナ（8番人気で9着）、中山11Rの⑭ライズトゥフェイム（6番人気で4着）、京都11Rの⑦ウインプリメーラ（3番人気で1着）と、3着以内にきたのはたった1頭。しかもその京都11Rですら、2着に13番人気の⑭テイエムタイホーが入ったのでスカ。パドックで気配のいい馬をみつけるたびに、どかんどかんと入れたので終わってみると全治1ヵ月。もう大変である。

ちなみに中山7Rは大混戦のレースで、15番人気とはいってもその単勝は69・8倍。それほど超人気薄を買ったわけではない。それはともかく、全治1ヵ月で1年をスタートするのは大変つらい。そこで私、考えた。1月5日の負け分は昨年の収支に入れることにする！　まだ2016年は始まっていない。そういうことにすればいいのだ。

馬券のヒントはどこに？

馬券が全然当たらない。金杯の日の1Rで210円の複勝を当ててから、なんと1本も当たりなし。ずっとボウズの連続である。たとえば1回中山3日目の3R。3歳未勝利のダート1800m戦だが、パドックで選んだのが⑬ダイリュウハヤテ。この馬でとりあえずは堅いような気がする。しかし3番人気の馬なので、複勝は2倍を割るかも。つまり妙味がない。だったらこの馬を軸に馬連を数点買ったほうがいい。で、検討していくと馬連の相手は、4番人気の⑥リーガルオフィスと、6番人気の⑮ミュゼリバイアサンの2頭に絞られた。その馬連オッズは、18倍と23倍。各1000円買えば総額2000円。それでこのくらいの見返りがあるなら、複勝よりこちらのほうがいい。というわけで、ここでは複勝を選ばず、馬連を選択すると、私の軸馬はきちんと2着したのだが、⑥は7着、⑮は3着。馬連は軸馬がきてもそれで当たりではなく、相手もこなければ当たらないのだという真実に直面するのである。ちなみにこのレースを勝ったのは5番人気の⑨イルフォーコンで、私の軸馬との馬連は2240円。しかしこの勝ち馬、ナカヤマフェスタ産駒なのだ。初ダートの馬はとりあえずチェックすることにしているのだが、ステイゴールドなら芝だろうと簡単に無視してしまった。今後は要チェックだ。

京都7Rでも複勝を買わずに失敗。4歳上ダート1800m戦だが、このパドックで気になったのが⑪コスモボアソルテ。パドック中継の段階では、単勝14倍、複勝3・7倍だったが、終わってみたら8番人気で単勝2010円、複勝600円。つまり本当に勝っちゃったのである。私が複勝を買うのをやめたのは、この馬の鞍上が見習いの三津谷隼人だったからで、えええっ、本当に勝つのかよとびっくり。この馬は2走前に2着しているがそのときは違うジョッキーだったし、まさか見習い騎手で勝つとは。単勝オッズがガタ落ちしていたのは私のように三津谷君を信じない客が多かったということだろう。ホントにすまない。複勝オッズがガタ落ちしたのは、2着の⑥スマイルフォースが12番人気、3着の②マコトグランドゥが13番人気だったからだ。ちなみにこのレース、13頭立てだから、ビリ人気馬とブービー人気馬が2～3着したことになる。だから3連単はどかーんと250万。ところで1～3着の人気が、8番人気、12番人気、13番人気であることに注意。つい最近知ったのだが、1～3着は1～7番人気で決まることが99％だというのだ。ということは8番人気以下の3頭で決まることはたったの1％。つまりこの京都7Rはその1％

レースだった。１％ということは、１００レースのうち１レース。１日３場開催なら３日で１０８レースだから、３日間で１レース出現ということだ。それを少ないと思うか多いと思うかは人それぞれだろう。

この日のパドック診断で最高ランクをつけたのは、中山９Ｒ寒竹賞の⑧ノガロ。もう超ぴかぴかであった。しかし当然ながらこういう馬は１番人気に支持されるので複勝を買うわけにはいかず、こういう場合は３連単の１着固定。あとは薄目に抜けるかどうかの運次第だと思っていたら、なんと３着。あのできで負けるのかとこれは結構ショックだった。というわけで、複勝を買いたい馬はさまざまな他の理由で買えず、買ったものは３着以内にこず、結局は全部スカ。終わってみると金杯の日に続いて全治１ヵ月。金杯の負けは前年度の収支に組み入れるというナイスなアイディアでしのいだが、その手は二度と使えないので、今週の負けは２０１６年のマイナスとして仕方なくノートに記入。やっぱり２０１６年はマイナスでスタートということになった。

この日のヒントは、中山５Ｒ。３歳未勝利の芝２２００ｍ戦で、おそらく１年もすれば誰も覚えておらず、みんなが忘れてしまうような未勝利戦だが、これが実に面白かった。このレースで私が選んだのは次の５頭。③ロジカロン、⑦メゾンリー、⑧ユークリッド、⑭アップトゥイレブン、⑮キャノンストリート。人気は順に、５番人気、１番人気、２番人気、7番人気、3番人気。父は、ネオユニヴァース、アサクサキングス、ハービンジャー、コンデュイット、ハービンジャー。中山芝2200mなら5頭ともに合っているような気がするし、前走着順も2~5着と似たようなもので大差がない。もしも複勝を買うのならこの5頭でいちばん人気薄の⑭アップトゥイレブンだが、1~2番人気の2頭が怖いので結局馬券は見送り。ようするにケンしたレースなのだが、これが面白かった。⑭が快調に逃げたので複勝を買えばよかったかなあと途中では思ったが、直線に向くとがらり一変。1~2番人気の2頭が全馬を綺麗に差し切ってしまった。ケンしたレースにすぎないのにこれが面白かったのは、きちんと予想して、どきどきしながらレースを見ていたからだ。なんだかここに、来週からのヒントがあるような気がしてならない。

ステイゴールドだ！

レースが終わると、1~3着の着順を競馬新聞に書き込むことにしている。それはその日の芝のレースで（あるいはダートのレースで）どういう種牡馬の産駒がきているのか、あとで確認するためだ。たとえば9Rにダート1800m戦があったとすると、そこまでのダート1800m戦で、あるいはもっと広く対象を広げてその日のダート戦全般で、どんな種牡馬の産駒がきているのか、競馬新聞を遡って調べ、検討の材料にするのである。そうやってすごい馬券を当てたことは一度もないが、もう習慣のようなものと言っていい。

だから、1回中山6日目の最終レース（4歳上1000万下の芝2200m戦）が終わったときも、⑩マイネオーラムのところに「1」を、⑧ウインオリアートのところに「2」を、⑮キズナエンドレスのところに「3」を書き入れた。その日の最終レースが終わったわけだからもうレース検討をすることもなく、着順を書き入れなくてもいいのだが、これは癖だから仕方がない。通常のレースのときはレース・リプレイと配当の発表を待ち、さ

1回中山6日　12R　4歳上1000万下

着順	予想	枠番	馬番	馬名	性齢	斤量	騎手	タイム	着差	通過順	上り	人気	単勝オッズ	体重	増減	厩舎
1	△	❺	⑩	マイネオーラム	牝5	55	柴田大	2.13.7		2 2 2 中	35.7	④	9.8	474	0	北 高橋博
2	▲	❹	⑧	ウインオリアート	牝5	55	松岡正	2.13.7	頭	5 5 3 内	35.0	⑪	41.8	438	+4	北 鹿戸雄
3		❽	⑮	キズナエンドレス	牝5	55	丸田恭	2.13.9	1½	4 4 3 外	35.4	⑩	39.2	476	0	北 宗像義
4		❸	⑥	メジャーステップ	牡5	57	フォーリ	2.14.6	4	3 3 3 中	36.3	⑦	15.1	502	+2	南 田村康
5		❺	⑨	マイネルリード	牡4	56	丹内祐	2.14.9	2	6 6 6 中	34.9	⑬	44.1	502	+12	南 萱野浩
6	△	❼	⑭	フジマサエンペラー	牡7	57	江田照	2.14.9	首	10 10 9 中	33.5	⑤	11.3	506	0	北 菊川正
7		❻	⑫	マイネルシュライ	牡8	57	大野拓	2.15.1	1¼	8 8 7 中	34.6	⑯	90.0	504	0	南 畠山吉
8		❻	⑪	カウニスクッカ	牝5	52	井上敏	2.15.2	½	1 1 1 内	37.5	⑫	42.8	468	0	南 尾形和
9	◎	❸	⑤	ディスキーダンス	牡5	57	戸崎圭	2.15.2	頭	9 9 9 中	33.9	①	2.9	464	0	北 手塚貴
10		❼	⑬	プレイヤーハウス	牡4	56	柴田善	2.15.3	首	7 7 8 内	34.9	⑭	44.7	466	+6	北 大和田成
11		❶	②	イメージガール	牝6	55	津村明	2.15.4	¾	12 12 11 中	33.7	⑧	28.0	482	+2	南 相沢郁
12	○	❷	④	レイズアスピリット	牡5	57	Fベリー	2.15.5	½	14 14 13 外	33.6	②	4.1	470	-6	北 上原博
13	▵	❷	③	タケルラムセス	牡4	56	三浦皇	2.15.7	¾	14 14 14 内	33.8	③	7.9	470	+4	南 田村康
14	△	❽	⑯	ドラゴンズタイム	牡5	57	吉田豊	2.15.9	1¼	12 12 14 中	34.2	⑥	13.4	428	-10	北 高橋文
15		❶	①	エルヴィスバローズ	牡8	57	内田博	2.16.1	1½	16 16 16 中	33.9	⑨	28.9	506	-2	南 牧光
16		❹	⑦	リアンドジュエリー	牝4	54	柴山雄	2.16.9	5	10 10 11 内	35.5	⑮	53.8	462	0	南 奥村武

単⑩980円　複⑩350円　⑧870円　⑮1060円　　ブリンカー＝⑫⑯①
馬連⑧―⑩16030円㊹　　枠連❹―❺7280円㉓
馬単⑩―⑧28680円㉛　　3連複⑧⑩⑮112120円247
3連単⑩⑧⑮654910円1341
ワイド⑧―⑩3830円㊳　⑩―⑮4870円㊻　⑧―⑮10160円㊵

らに最終人気、馬連、3連複、3連単の配当などを書き込んでいくが、このときは「1」「2」「3」を書き込んだところで気がついた。⑩マイネオーラムには少し印がついているが、⑧ウインオリアートには△がふたつ、⑮キズナエンドレスには△が一つだけ。ふーん、じゃあこのレースは荒れたんだ、と思って視線を馬名のところまで上げると、ドッキン！　この3頭ともにステイゴールド産駒で、その父親名を赤のサインペンで囲っているのだ。そこでようやく大変な失敗をしたことに気がついた。

その話の前に、先週の続きを少しだけ。ケンしたレースでもしっかり見れば面白いという例を先週の最後に書いたのだが、この日の中山1Rもそういう意味では面白かった。3歳未勝利のダート1200m戦だが、⑩ミラクルバイオの複を買うかどうか最後まで迷ったのである。芝の新馬戦で7着したあと半年休養後の一戦だが、ゴールドアリュール産駒だから初ダートはいい。問題は26キロ増ということで、パドックを見るかぎり太くはなかったのだが、やっぱり気になるので結局は見送り。すると最後の直線、激しく叩き合う⑦アンフレシェと⑫カンタベリーマインの2頭から離れた3着争いを、⑨ペイシャスナッチと⑩ミラクルバイオという5枠の2頭が争ったのである。内の⑨ペイシャスナッチに外から⑩ミラクルバイオがじりじりと迫るものの、結局⑨を抜けず、⑩は4着。勝った⑦アンフレシェが10番人気で、3着の⑨ペイシャスナッチが15番人気（ブービー人気だ）だったのでどかんと100万馬券になったレースだが、とても見どころのあるレースであった。それにしても⑩ミラクルバイオ、パドック中継のときには4番人気であったのに最終的には2番人気。26キロ増を知っても買った人が多かったことに驚く。結果的には4着だったけど、びびってケンした自分が恥ずかしい。

京都2Rも面白かった。ここはキンカメ産駒の初ダート、⑪イージーゴーがいたので馬券を買う気になったのだが、パドック中継のときは2番人気（最終的には1番人気）で、迷った末に、馬連⑪⑬を1000円だけ買うことにした。ちなみにこの馬連オッズは約8倍。10倍以下の馬連は買わないというマイルールに抵触するのだが、1000円だけならいいだろうと理屈をつけて購入。ようするに安い配当にどかんと入れることを戒めるルールなのだ。1000円だけならよろしい。⑬ナンヨーアーミーも初ダートではないが、キンカメ産駒なのだ。キンカメどんぶりが狙い。ところが⑬ナンヨーアーミーは先行して頑張っていたものの、⑪イージーゴーは全然伸びずに早々と断念。すると最後の直線で、⑥キクノシュペールが伸びてきたので、「あ、岩田か」と思ったら、⑫ティルヴィングが鋭く伸びてきて、「いや、デムーロだ」。するとそこに最内から①マジメがするすると伸びてきたから「おっと、川田だ！」と思う間もなく⑫が差し返した。馬連①⑫が１６９０円というレースだからすぐに忘れてしまうレースかもしれないが、ほんの少しの差で結果が変わるという真実を表しているようで、まことに競馬は面白い。

中山最終レースに話を戻せば、芝の２２００ｍならステイゴールド産駒だろうとこの日の昼の段階で、その父親名を赤で囲んだのである。それが4頭だったので、3連単の4頭ボックス（24点）を買うつもりだった。それを忘れてしまったのである。赤で囲んだ昼の段階に買っておけばよかった。たった２４００円だ。どうして買わないのだ。その3連単の配当が、なんとなんと65万！　もう立ち上がれない。この原稿を書いているのは月曜だが、一晩たってもまだ心の痛みは消え去らない。いつになったら忘れるだろうか。こんなことがあったなんて、早く忘れたい。

またステイがきた！

先週の続きを少しだけ。65万馬券を買わずにショックを受けた心の傷はまだ消え去らない。しかし私にも言い分はあるのだ。いつだったか阪神の芝1800m戦で、ディープ産駒が1〜3着を独占して40万以上の馬券になったことがある。あのときはパドック中継を見ていたら、すごく気配のいい馬がいて、オッズを調べたら人気がないので買う気になったとの経緯がある。人気がなかったのは長期休養明けだったからだ。でもこれだけ気配がいいのなら買いたい。阪神の芝1800mといえば、ディープの独壇場とも言っていいコースだし、というわけで深く考えることもなくディープ4頭の3連単ボックスを買ったのだ。すると、その4頭の中でいちばん人気があった馬が消え、人気のない順に1〜3着したものだから、穴馬券になったわけだが、今回のケースとよく似ている。というのは先々週日曜の中山最終レースでも、4頭のうちいちばん人気があったのは⑤ディスキーダンスで、パドック中継の段階では2番人気だったが、最終的には1番人気。これが消えて残りの3

頭が1～3着というのは、あの阪神のケースにそっくりだ。

問題は、今回はパドック中継を見ても、おやっと思う馬がいなかったことだ。もしもそのとき、ステイゴールド産駒4頭のうち、特に人気のない3頭のうちの1頭がぴかぴかだったなら、あの「阪神1800ディープ独占」を思い出して、そうだここはステイゴールド産駒の4頭ボックスを買おうと思ったに違いない。しかし今回はそういう馬が1頭もいなかったので、昼の段階で囲んだ「父ステイゴールド」のところを見もしなかった。そうしてたった一度の大チャンスを逃してしまったというわけである。あれから阪神の芝1800mレースは何回も行われているが、40万を超えるディープ独占レースが一度もないように、中山の芝2200m戦でステイゴールド産駒が1～3着を独占して65万になるなんてことは、おそらく今後は一度もないに違いない。こういうのはその一度きりのチャンスをつかまなければだめなのである。

今週土曜、つまり1回中山7日目の5R（3歳未勝利の芝2200m戦）に、ステイゴールド産駒が2頭出ていたこともご報告しておきたい。65万の翌週に、ふたたび同じコースのレースがあるとはね。ただし、今週はステイゴールド産駒が2頭しかいない。これでは同一産駒だけで1～3着独占という事態は生まれない。ふーんと思って出馬表を見ていくと、ナカヤマフェスタ産駒が1頭、ドリームジャーニー産駒が2頭いる。ナカヤマフェスタもドリームジャーニーもステイゴールド産駒であるから、同傾向と言えなくもない。その5頭とは内から順に、①コウキチョウサン、⑥マイネルクラフト、⑦ナカヤマアーサー、⑧ミライヘノツバサ、⑨ユニゾンデライト。人気は、10番人気、8番人気、15番人気、4番人気、1番人気である。ふーんと思って、その5頭のボックスを買ってみた。ブービー人気の⑦ナカヤマアーサーはいくらなんでもないだろうが、この馬を足したのはお遊びだ。気分は4頭ボックスである。もしも1週前と同じことが起きるなら、1番人気の⑨ユニゾンデライトが飛んで、あとは人気のない順にくるはずだ。つまり①コウキチョウサン→⑥マイネルクラフト→⑧ミライヘノツバサという順だ。10番人気→8番人気→4番人気ということになり、3連単の配当は39万。65万には及ばないが、これがくれば先週のことは忘れられる。万が一、絶対にくるわけはないけど、15番人気の⑦ナカヤマアーサーが3着に突っ込んできたら（つまり①→⑥→⑦の順できたら）3連単は500万超えだ。これはいくらなんでもないだろうが、39万ならあっても不思議ではない。二度はないと思うか、もう一度あると思うかは、人それぞれだが、こういうとき私は、同じことがもう一度あってもいい、と思うタチなのである。

で、本当にこの3連単ボックスが当たっちゃうからびっくり。中山芝2200mは本当にステイゴールドの庭だ。ただし、⑧→⑨→⑥の順で決まったので（4番人気→1番人気

→8番人気で、つまり正しくはドリームジャーニーのワンツーに、ステイ産駒が3着）、3連単の配当は1万9480円。65万には遠く及ばず、39万にも全然届かない。やっぱり「阪神1800ディープ独占で大穴」が一度しかないように、「中山2200ステイゴールド独占で大穴」もやっぱり一度しかないのだ。ちなみに、①コウキチョウサンは10番人気で6着と惜しかったが、⑦ナカヤマアーサーは15番人気で16着（ビリ！）。これはやっぱり無理筋だった。

ちなみに今週日曜のメイン、AJCC（これも芝2200m戦である）にもステイゴールド産駒が2頭出ていたが、7番人気の⑦ショウナンバッハは3着。もう1頭の⑯マイネルメダリストは15番人気で12着。この2頭のワイドをひそかに買っていたことは秘密だ。

競走馬カクテルを飲んだ夜

京王線府中駅近くのコンチネンタルホテル1階に、ちょっと面白いバーがある。競走馬の名前のついたカクテルがあるのだ。ディープインパクトからオルフェーヴル、ウオッカ、ナリタブライアン、ダイワスカーレット、オグリキャップという名馬の名前のついたカクテルがメニューにずらりと並んでいる。全部で17頭だ。現役馬ではただ1頭、ブチコがランクイン。この競走馬カクテルは通年常備しているようだが、期間限定のレース名カクテルもあり、こちらは共同通信杯、フェブラリーSなど、レース名のついたカクテルが別メニューに並んでいる。ただいまは2月なので、共同通信杯、フェブラリーSだが、春になれば皐月賞とかダービーとかのカクテルも出てくるのだろう。私はまず「キングカメハメハ」を頼んだ。これはワインをベースに、バナナリキュール、ライムジュース、パインジュースを入れたもので、ちょっと甘い。続けてサイレンススズカを頼み、最後は東京新聞杯で締めくくった。店内には大きな画面があり、そこに過去の東京新聞杯の映像が映し出されるので（グリーンチャンネル？）、それを観ながら、この年は○○が勝ったんだよなあとか、えーと、2着は○○だよなあとか、あれこれ話しながらカクテルを飲むのである。私は昨年の東京新聞杯の勝ち馬さえ覚えていないので、5年前とか6年前の2着馬なんて覚えているわけがなく、競馬友達たちがそうやって話すのを聞きながら、グラスを傾けた。みんな、よく知っているよな。もう一度、馬券を売っていたとしても、私は絶対に当たらないだろう。そういえばずっと昔、指定席の列に並んでいるときに、5年前の目黒記念の5着馬はなんだ？とかクイズを出し合っている若者グループがすぐ後ろにいて、一生懸命に頭を絞ったのだが、何一つ浮かんでこなかったことがある。

今週はシゲ坊とその仲間たちと一緒に東京競馬場に出撃したのだが、例年この時期は凍えるほど寒いので、府中競馬正門前駅の際にある川崎屋に朝寄って、日本酒を飲むことにしている。酒が入ると体が温まるのだ。この日は朝1杯、昼に競馬場で1杯、午後にもう1杯と、日本酒を3杯のみ、さらにハイボールまで飲んでしまった。昔は競馬場でいっさいアルコールを摂取しなかったというのに、ずいぶんな変わりようである。それにしても夕方前に4杯も飲んだのは新記録で、おかげで終始ボーッとして体が温かい。寒い日にはアルコールがいちばんだ、と言いたいところだが、実はこの日の気温は意外に高く、そこにアルコールを4杯も摂取したので汗までかいてしまった。真冬に汗をかくとはね。

ところで私、府中開催の成績が毎年悪い。大負けするのはきまって府中開催だ。では、どうして府中開催で大負けするのか。それはたぶん返し馬を見るからだ。東京競馬場には毎週出撃するから返し馬を見ること自体が中山開催よりも圧倒的に多い。で、ぴかぴかの馬を見つけようものならどかんどかんと突っ込んでしまうことが少なくない。敗因はわかっているのだ。でも返し馬を見るのは楽しいからやめたくない。そこで考えた。返し馬で見つけた穴馬を買うのはいいだろう。そのくらいの楽しみがないと競馬なんてやっていられない。しかし常に疑う姿勢は必要だ。返し馬診断を丸ごと信じるのではなく、半分は疑うこと。そういう姿勢が大切なのだ。

というわけで迎えた1回東京2日目の3R。ダート1600mの3歳の新馬戦だが（最近は新馬戦が面白くなっているのだ）、この返し馬で目に飛び込んできたのが、⑫ウィスパー（12番人気）、⑬サクラエンパイア（4番人気）、⑮チェストケゴールド（6番人気）の3頭。見ちゃったものは仕方がないので、この3頭の馬連とワイドのボックスを購入。さらにこの3頭の3連単ボックス。いつもならこれで終わり。12番人気の⑫ウィスパーがきたら太いよなあと妄想を膨らませて発走時間を待つところだが、今年はちょっと異なる。返し馬を見なかったとしたら自分はどの馬を買うだろうか、そういう目で再度新聞を見るのだ。そうすると、⑬サクラエンパイアと⑯ゴールデンブレイヴ（2番人気）の2頭で堅いような気がしてきた。シゲ坊の本命と▲だ。だから彼に「ヴェロンとベリーで堅いんじゃないか」と言った。言葉にするとますます確信が高まったのでこの2頭の馬連を追加。すると本当にこの追加馬券が当たっちゃうのである。ゴール前は7頭が大混戦で、その着差は同着、クビ、ハナ、クビ、同着というきわどさだ。あまりにきわどいので、「ヴェロン」「ベリー」と叫ぶものの、本当にこの2頭で当たりなのかどうかがわからない。リプレイを見てようやく、おお、本当にこの2頭だと納得。⑬と⑯が1着同着だったが、その馬連は2550円。ワイド⑬⑮（1780円）もおまけで当たり。終わってみるとマイナスだったが、いやあ楽しいなあと帰りに競走馬カクテルを飲んだのである。

自宅にいてもダメなものはだめ

東京開催はもともと好きなのだが、1回東京はいちばん好きだ。なぜなら寒いのでがらがらだからである。春とか秋の東京開催は、季節も穏やかなので混むけれど、2月の東京には物好きしかやってこない。だって中山競馬場と違って東京競馬場は指定席も一般席も吹きさらしなのだ。寒いのなんの。特に指定席は5～6階なので、穏やかな日でも高いところは風があったりするから、そうすると体感温度が奪われていく。こんなところにわざわざ出掛けていくのは物好きと言われても仕方がない。しかし混んでいるよりも空《す》いているほうが絶対的に好きなので、私は毎年喜んで出撃する。

だから1回東京の2週目も行くつもりでいた。しかしこの週は誰とも約束していなかったので、自宅でPATでもいいかな、とちらりと思ってしまった。一度そう思うともうだめで、暖かいほうがいいよな、馬券は自宅でも買えるんだし。そう思った理由の一つに、東京競馬場に行くと返し馬を見ちゃうからなあ、ということもあった。返し馬診断なんてホントに当たらないのだ。だったら無視すればいいのに、本場に行くとつい双眼鏡をかまえて返し馬を見てしまうし、そこでぴかぴかの馬を見つけると、どかんと買ってしまいたくなる。百万回に一回ぐらいはその返し馬診断が当たるので、その快感に逆らえないのである。しかし当たるのは百万回に一回だ。あとは全然当たらないのだ。もう幾ら損してきたことか。特に最近は全然当たらないので、もう見たくない。

というわけで今週は大好きな東京競馬場に出撃せず，自宅でＰＡＴ投票ということにしたが、予想外のことが起きるから世の中は油断できない。自宅にいても返し馬を見れちゃうのだ。それを私は忘れていた。自宅にいるときはグリーンチャンネルをつけっぱなしにしているのだが、そうすると本馬場入場のとき、返し馬の様子が映ったりする。馬番順に本馬場入場を映していくので、アップになってもまだキャンターであったりすることもあるから、もちろん全馬の返し馬は映らない。しかし、たまたま数頭はばっちり映ったりする。東京競馬場の場合、１コーナーを曲がっていく姿を私は見たいのだが、そのときの様子が偶然にも画面いっぱいに映し出されたりするのだ。そうすると、見たのはその数頭だけで、他の馬の返し馬は見てもいないのに（つまりは他の馬との比較もないのに）、おお、すごいと思ってしまうのである。

たとえば１回東京４日目の５Ｒ（芝１８００ｍの３歳新馬戦）で、⑨サトノジュノー、

⑪カルナローリ、⑫レッドアルソード、⑭ラフォンテロッソの返し馬がぴかぴかであった。
ところで最近は新馬戦でもきちんと返し馬をするのはどうしてなんだろう。数年前まで、新馬戦ではほとんど強い返し馬を見たことがなかった。スタート位置までずっとキャンターでいくだけのほうが圧倒的に多かった。最近は新馬戦の馬券も買うようになっているので、これが気になるが、ま、いいだろう。返し馬で見つけた4頭の人気は順に、7番人気、12番人気、1番人気、15番人気である。最後の⑭ラフォンテロッソの鞍上は常に強い返し馬をする見習い騎手であるからこの馬を外すと残りは3頭。さあ、どうしよう。この段階がいちばん楽しい。どういう馬券を買えばいいのか、ああでもないこうでもないと、考えている時間が楽しい。このとき最終的にどういう馬券を買ったのかはどうでもよろしい。その返し馬で見つけた馬が1頭も掲示板に載らなかったという事実だけでいい。7番人気や12番人気の馬が掲示板に載らないのは仕方がないが、1番人気の馬までもが掲示板外というのだから、私の返し馬診断はひどすぎる。しかしこういうことはよくあることなので、これくらいでは驚かない。

問題は、7R（4歳上500万下の芝1800m戦）の返し馬で⑮ナスノアオバ（12番人気）が超ぴかぴかだったことだ。さっきの新馬戦の4頭は、ぴかぴかレベルだが、この7Rの⑮ナスノアオバは超ぴかぴか。レベルが全然異なる。こういうのを見てしまうと、もう黙ってはいられない。ちょっと前の返し馬診断がまったく当たらなかったのだから、この返し馬も疑えばいいのに沸騰する気持ちを抑え切れないのだ。そこでこの馬の単複を買ってから、馬連や3連複などどかんどかんと突っ込むと（お前は幾ら入れたんだ）、中団から伸びずに15着（ブービーだ！）。ふーん。

この日の東京最終（4歳上1000万下のダート1600m戦）の返し馬で⑬オケアノスが少し気になり、この馬の単複を買ったのがダメ押し。公営帰りの14番人気という超人気薄だったが、最後方から鋭く伸びて5着は立派。こんな脚を見せたら次走は人気になってしまうだろうから、今回きてほしかった。しかしどうして自宅にいるのに返し馬診断でボロ負けするのか。終わってみたら全治1ヵ月超え。なんだか立ち上がれない。

100円馬券師に早くなりたい

ある出版社の専務と東京競馬場に行った。年は私より5歳下なので、たそがれのトシキやひげもじゃのカオルたちと同い年だ。このくらいの年齢になると5歳違いというのは、ほぼ同世代と言っていい。競馬を始めたのはハイセイコーの年からというのも私と同じ。専務はあの年の弥生賞からだが、私はハイセイコーとタケホープがハナ差の死闘を演じた菊花賞からである（正確にはその1週前だけど）。つまり年齢も競馬歴もほぼ同じなのである。違うのは競馬のレートで、これが私には真似できない。専務は、私が理想とする100円馬券師である。小倉と京都は全レースを100円の3連複5頭ボックス。これを朝まとめて買ってしまう。それで、本場である東京のレースをゆっくり買うのだが、こちらの単位も100円。こういう人を見ると、偉いなあと私は思う。実はトシキもカオルもそうなのである。彼らも100円馬券師だ。4頭の馬連やワイド、そして3連複のボックスを買ったり（全部買っても6点＋6点＋4点だから、合計で1600円）、あるいは1頭軸の相手5頭の3連複に、馬連5頭ボックスで合計2000円とか、そういう買い方をする。これはトシキの買い方で、カオルは同じように馬券の単位は100円でも3連単専門だ。独自の指数で買い目を出し、250倍以上1000倍未満の買い目だけを30点拾いだして購入する。もう一人、同い年のシマノはもっとすごい。こいつは1レースにつき2〜4点しか買わないのだ。馬連1点、枠連1点、3連複2点で合計4点などという買い方をする。その馬券を見ても何が狙いなのかがよくわからない。こいつは出目買いなので、その日の目を「3」と決めると、3番の馬を買ったり、3枠の馬を買ったり、13番の馬を買ったりする。そうしてシマノは楽しんでいる。お断りしておくと、カオルは200人の会社の、シマノは40人の会社の、それぞれ経営者である。役員報酬を幾ら貰っているのか知らないが、普通の人よりは高給取りだろう。にもかかわらず、100円馬券師であり続けるのは素晴らしい。私も早く100円馬券師になりたいのだが、でっかく儲けたいとの助平な気持ちが強すぎて、いまだなれない。

たとえばこの日、1回東京5日目の1R。3歳未勝利の牝馬限定のダート1400m戦だが、3番人気の⑭シングンガガを軸にして、馬連890円、3連複2060円、3連単8280円を、私は当てた。配当総額は1万9240円である。しかしこのレースに私は7000円入れているから、プラスは1万2000円だ。ということは、このくらいの金額を他のレースにも入れていると、2レース外すともう浮きは消え、マイナスに突入してしまうということだ。この日は7Rで、7番人気の⑨ヴィンテージドールを軸にして、馬連1870円、3連単3万8820円をゲットし、ここまでの負けをようやくチャラにしたものの、その後ヒットがなかったので終わってみると半月分の負け。7Rをゲットしなければ軽く1ヵ月を超えていただろう。私のような買い方はあまりよろしくないのだ。一日も早く100円馬券師にならなければと思うのである。しかしなあ、馬券の単位を100円にしちゃうと、当たったときの配当が少ないしなあ、となかなか決断できないでいる。そんなもやもやをこの数年ずっとかかえていたのだが、そうか、とこの日ひらめいたことを今回は書く。

競馬場の帰りに府中駅の近くの居酒屋で専務と飲んでいたとき、昨年の有馬記念の話になったのである。すると、専務は有馬を当てたと言うのだ。それがすごく遠慮深げに言うので、馬連を数百円当てたのかと思った。全然違うのである。トシキやカオルやシマノたち、いつも競馬場に行く私の知人たちは、GIであろうとも馬券の単位は変えないのだが、専務は極端な濃淡をつけるのである。ゴールドアクターから馬連を、サウンズオブアースと3歳馬3頭に4点。それをなんと各5000円買ったというのだ。ちょっと待ってくれ。普段100円なのに、馬連4点を各5000円だと！　あの馬連の配当は6840円であったから、それを5000円ということは、34万。ゴールドアクターとサウンズオブアースを1~2着に置き、3着欄を総流し（これは100円）にした3連単は、12万だから、合わせて46万だ。それ以外に2万の3連複もゲットしたというから、いったい幾らになったんだ！　完璧な予想にも驚いたが、その馬券の単位にもびっくり。そのくらいの金額を馬券に入れる人は少なくないが、いつもは100円なのだよ。そのギャップに驚いてしまった。詳しく聞くとすべてのGⅠにそういう額を入れているわけではなく、有馬は特例であったというのだが、そうか、普段は100円馬券師で、いざというとき極端に単位を変える方法もあるのだ。なんだかこのあたりに今後のヒントがありそうな気がする。

これが1%のレースだ

1番人気～7番人気の7頭がすべて3着以内に入らないケースは1%しかない、ということをしばらく前に書いた。つまり100レースに一回だ。あとの99回は、必ず1番人気から7番人気までのうち1頭ないし2頭（時には3頭）が3着以内に入る。これはデータが教える真実だ。たとえば1回小倉3日の12R大牟田特別は、3連単が470万と荒れたレースだが、1着が16番人気、2着が9番人気だったが、3着は5番人気。どかーんと荒れたレースではあったけれど、これでも1%レースではなかったのだ。ということを踏まえてこの日の小倉5R（芝2000mの3歳新馬戦）を振り返る。

このレースの私の軸馬は④メーテルリンクであった。昼の段階では5番人気だったが、直前は9番人気（最終的には10番人気）。単複でもいいんだけど、そのとき「1番人気～7番人気の7頭がすべて3着以内に入らないケースは1%しかない」ということを思い出した。そこで1～8番人気の8頭に流す3連複を買うことにした。人気薄を軸にするとき

1回小倉3日　5R　3歳新馬

着順	予想	枠番	馬番	馬名	性齢	斤量	騎手	タイム	着差	通過順	上り	人気	単勝オッズ	体重増減	厩舎
1		❼	⑭	スノーマン	牡3	56	バルジュ	2.03.8		⑭ 7 5	中37.4	⑨	20.2	502	棘高橋忠
2		❷	④	メーテルリンク	牡3	56	小牧太	2.03.8	首	5 4 4	中37.7	⑩	23.9	492	棘中尾秀
3		❽	⑰	ラブルーズ	牡3	56	津村明	2.04.4	3½	⑫ 11 11	中37.7	⑫	47.8	482	棘松田国
4	△	❽	⑱	アインザッツ	牡3	56	荻野琢	2.04.6	¾	⑮ 16 15	中37.0	③	6.6	468	棘大久保龍
5	△	❻	⑪	エイシンシルダリア	牝3	54	古川吉	2.04.6	鼻	9 10 8	外38.1	⑦	14.9	432	棘川村禎
6		❼	⑮	エイシンイッサ	騸3	54	城戸義	2.05.0	2½	2 2 2	中39.2	⑭	80.9	474	棘坂口則
7		❹	⑧	プレシャスタイム	牡3	56	岡田祥	2.05.3	1¼	⑮ 13 11	外38.1	⑮	93.6	426	棘藤沢則
8	▲	❸	⑤	ワイドチキチータ	牝3	54	吉田隼	2.05.3	鼻	10 4 5	外39.1	⑧	17.5	422	閑武井亮
9	◎	❶	②	ジョンブリアン	牝3	54	川須栄	2.05.7	2½	4 2 2	中39.9	①	3.2	476	棘池江寿
10		❺	⑩	レディーガリレオ	牝3	52	鮫島駿	2.05.7	首	5 11 11	内39.1	⑪	28.0	398	棘高橋忠
11	△	❹	⑦	メテオストーム	牝3	53	小崎綾	2.05.8	首	⑰ 17 17	内37.9	⑥	13.0	440	棘角居勝
12	▲	❽	⑯	テーオーバーキン	牝3	52	加藤祥	2.05.8	首	1 1 1	内40.1	⑤	10.7	442	棘清水久
13		❺	⑨	メメニシコリ	牡3	56	幸　英	2.05.9	首	12 13 14	外38.8	⑬	59.6	464	棘飯田雄
14		❷	③	ウインエンプレス	牝3	54	高倉稜	2.06.1	1½	10 15 16	内38.8	⑯	103.9	428	棘飯田雄
15		❻	⑫	ヒラボクケーワン	牡3	56	北村友	2.06.2	¾	2 4 7	内40.1	⑰	112.3	516	棘加藤敬
16	○	❸	⑥	ギャツビー	牡3	56	松山弘	2.06.2	鼻	8 7 9	内39.9	②	5.1	442	棘鮫島一
17		❼	⑬	セブンスセンス	牝3	54	中谷雄	2.06.3	½	⑤ 7 9	中40.0	④	10.1	462	棘矢作芳
18		❶	①	ジャストザネクスト	牡3	56	丸山元	2.08.9	大	⑱ 18 18	内39.7	⑱	150.5	440	棘牧浦充

単⑭2020円　複⑭840円　④930円　⑰1100円
馬連④―⑭26190円⑮　枠連❷―❼6810円㉖
馬単⑭―④47550円133　３連複④⑭⑰305370円450
３連単⑭④⑰1734430円2561
ワイド④―⑭5770円㊾　⑭―⑰10000円㊱　④―⑰14200円㊽

はその馬より上位人気に流すのが鉄則である。ヒモは1~7番人気の7頭でいいのに、念には念を入れて8番人気までヒモにしたから、これで万全という気がした。④メーテルリンクが3着以内にくれば、という条件付きではあるけれど、複勝圏内にきさえすればこれで馬券は当たるのである。データは常に正しいのだ。

このとき私が勘違いしていたことを書いておく必要がある。データが教える真実は、「1~7番人気の3頭が全部消えることは1%しかない」ということにすぎない。だから8番人気以下の人気薄を軸にして3連複を買う場合、1~7番人気の7頭を選べば絶対に大丈夫、ということにはならない。「8番人気以下の軸馬」が幸いにも3着以内にきたとしても、残りの2頭の内訳が「7番人気以内」+「8番人気以下」のケースだってあるのだ。これも99回のなかに含まれている。

まあ、勘違いしようがしまいが④メーテルリンクが

3着以内にこなければ全然関係のない話だが、本当にきちゃったのである。先行馬群の後ろにつけてじっくり4つのコーナーを回った④メーテルリンクは直線を向くと矢のように伸びてきた。ここぞとばかりに「小牧KOMAKIこまき小牧コマキKOMAKI小牧コマキ！」とモニターに向かって叫ぶ。ホントに気持ちがいい。なにしろ人気薄の馬であるから、私の叫び声を耳にした近くの客は絶対に「小牧なんてどこにいるんだ?」と思ったことだろう。いまごろあわてて手元の新聞を見ているに違いない。実際には私のほうを一人も見ようとしていないが、私の声は絶対に耳に入っているはずなのだ。ところが、小牧騎乗の④メーテルリンクが直線で叩き合っている相手が⑭スノーマンであることに気づいて思わず、「ええーっ、14番なんて持ってない！」と大声で叫んでしまった。周囲の空気が途端に柔らかくなったのがうかがえた。さっきまでは、私の声援に「コノヤロ」と思っていた周囲の客も、「ははは、あのバカ、相手が抜けてやんの」と心が和んだことだろう。緊迫していた空気が突如柔らかくなったのはそのためだ。

結局、④メーテルリンクは⑭スノーマンと叩き合って2着。終わってから新聞を見ると、その⑭スノーマンのところにも印は一つもなかった。9番人気の馬である。3着の⑰ラブルーズは12番人気。つまり、9番人気↓10番人気↓12番人気という順である。つまり、これが「1番人気～7番人気の7頭がすべて3着以内に入らない」1%のレースだった。ちなみに3連単は170万。④メーテルリンクの複勝は930円であったから、3連複に入れた2800円を全部複勝に入れていれば、配当は2万6000円になっていたことになるが、3連複に美味しそうなオッズが並んでいたのでこれはやむを得ない。私が反省したのは、ヒモに選ぶのは1番人気～7番人気の7頭でいいのに8頭を選んだことだ。たとえ1頭多くても700円しか違わないのだが、それでもデータを無視したようでこれはおかしい。いやそもそもデータを勘違いしていたのだから関係がないか。

この日はたそがれのトシキ、ひげもじゃのカオル、そして出目買いのシマノと、いつもの連中と府中に出撃したのだが、シマノはホントに落ち着きのない男で、あっちにふらふら、こっちにふらふら、席に座っているということがない。で、冬の府中は吹きさらしで寒いから、朝から日本酒を何杯も飲むのである。私も最近は競馬場でアルコールを解禁しているので、冬はやっぱり日本酒だなあと付き合ったら、眠いのなんの。ついうとうと。「こんな寒いところでよく眠れるなあ」とシマノに言われてしまったが、馬券がまったく当たらず、心まで寒かったのである。その縮んだ心に日本酒が染みて染みて、午後の昼寝は気持ちがいい。やっぱり東京はだめだ。大負けの開催が早く終わるように体の芯まで凍えるような指定席で、静かに祈るのである。

オウノミチの単を買え！

1回小倉6日目には芝1200mのレースが3鞍あった。3R（3歳未勝利）と、9R（4歳上500万下）と、12R（4歳上1000万下）である。その3鞍の1～3着馬の父を列記すると、3R「マツリダゴッホ、マンハッタンカフェ、オレハマッテルゼ」、9R「マツリダゴッホ、キンシャサノキセキ、アドマイヤムーン」、9R1200m戦は3鞍あり、1～3着の父は、3R「スマートストライク、ロックオブジブラルタル、ロージズインメイ」、7R「マンハッタンカフェ、ダイワメジャー、ダイワメジャー」、12R「ヨハネスブルグ、スペシャルウィーク、マンハッタンカフェ」だ。のべ15頭のうち、産駒が複数ランクインしたのは、ダイワメジャーとマツリダゴッホが各2回、そしてマンハッタンカフェが3回で、あとはすべて1回ずつ。問題はその人気で、ダイワメジャーは5番人気と13番人気、マツリダゴッホは6番人気と7番人気、マンハッタンカフェは2番人気と6番人気2度。人気薄でもきているのが素晴らしい。というのが、1回

1回小倉6日　12R　周防灘特別

着順	予想	枠番	馬番	馬名	性齢	斤量	騎手	タイム	着差	通過順	上り	人気	単勝オッズ	体重増減	厩舎
1		❼	⑬	オウノミチ	牡5	55	鮫島駿	1.07.7		3 3 2	外34.5	③	7.2	480－2	栗佐々木晶
2	▲	❸	⑤	スマートカルロス	牡4	55	バルジュ	1.08.0	1¾	9 9 9	中34.2	②	4.6	470－4	栗浅見秀
3	△	❷	③	ホッコーサラスター	牝5	54	藤岡佑	1.08.2	1½	4 4 4	内34.8	⑤	9.0	476＋8	栗飯田祐
4	△	❻	⑪	エルカミーノレアル	牡5	56	川須栄	1.08.2	首	9 9 11	外34.4	①	4.4	498－4	栗小崎憲
5		❼	⑮	プラチナブロンド	牝5	53	丸田恭	1.08.3	首	12 12 13	中34.4	⑧	15.8	444＋8	美大竹正
6	△	❹	⑦	ヤマニンマルキーザ	牡5	57	伊藤工	1.08.3	首	7 7 7	内34.7	⑦	13.7	470＋2	美栗田徹
7	◎	❹	⑧	ホープタウン	牡5	55	幸　英	1.08.4	首	6 6 4	中34.9	④	8.3	478－10	栗西浦勝
8	○	❻	⑫	ハナフブキ	牝5	52	横山和	1.08.4	鼻	12 12 11	内34.5	⑨	16.3	432＋14	美武井亮
9		❺	⑩	サンライズポパイ	牡8	54	吉田隼	1.08.5	½	9 9 9	中34.8	⑩	30.1	484－8	栗羽月友
10	△	❼	⑭	ランウェイ	牝4	52	松若風	1.08.5	鼻	12 12 14	中34.6	⑥	10.3	470－4	栗小崎憲
11		❽	⑯	ラファーガ	牝4	52	丹内祐	1.08.6	½	4 4 4	外35.2	⑯	114.5	482＋6	地本間忍
12		❸	⑥	ゼンノコリオリ	牡6	54	川島信	1.08.6	鼻	16 16 16	外34.3	⑫	48.9	466－4	栗高橋亮
13	◬	❶	①	フィボナッチ	牡6	54	古川吉	1.08.6	鼻	18 18 18	外33.7	⑬	50.0	474－8	栗牧浦充
14		❷	④	ロケットダッシュ	牡6	54	中谷雄	1.08.7	½	2 2 2	中35.6	⑪	37.2	498＋6	栗吉田直
15		❶	②	レヴァンタール	騸7	53	黛　弘	1.08.7	鼻	17 17 16	中34.2	⑮	94.4	454－4	地蛯名利
16		❽	⑰	ビットスターダム	牡8	54	津村明	1.08.9	1¼	7 7 7	中35.3	⑱	200.2	470＋6	栗大根田裕
17		❽	⑱	クラウンカイザー	牡7	55	松田大	1.09.3	2½	1 1 1	内36.3	⑭	57.0	502＋2	栗大根田裕
18		❺	⑨	ワタシダイナマイト	牝4	51	伴　啓	1.09.3	首	15 15 14	内35.3	⑰	122.0	470＋4	地高橋祥

単⑬720円　複⑬250円　⑤190円　③260円
馬連⑤―⑬2510円⑥　　枠連❸―❼1040円⑤
馬単⑬―⑤4820円⑭　３連複③⑤⑬6130円⑪
３連単⑬⑤③41960円㊾
ワイド⑤―⑬780円④　③―⑬1460円⑮　③―⑤710円③

小倉6日目の最終レースを迎えたときの状況であった。

ようするにこの週の小倉は、ダイワメジャーとマツリダゴッホとマンハッタンカフェに向いているということである。というわけで、1回小倉6日目の12R周防灘特別を迎えたときは、この3頭の産駒がいたら絶対に買うつもりでいたが、残念なことに不在。ただの1頭もいない。ダイワメジャーとマツリダゴッホとマンハッタンカフェの、それぞれの産駒が1頭ずついたらその3頭の3連複1点にどかんと突っ込むつもりでいたのだが、そんなに簡単で甘い話はないのだ。しかし、前日と当日に複数回きた産駒は不在だったものの、1回ずつ3着以内にきた産駒は4頭いた。ヨハネスブルグ産駒の③ホッコーサラスター（5番人気）、キンシャサノキセキ産駒の⑤スマートカルロス（2番人気）、アドマイヤムーン産駒の⑦ヤマニンマルキーザ（7番人気）、オレハマッテルゼ産駒の⑬オウノミチ（3番人気）の4頭である。

結論から先に書くと、この4頭のボックスを買っていれば馬券は当たりだった。1着が⑬オウノミチ、2着が⑤スマートカルロス、3着が③ホッコーサラスター。着外に消えたのは⑦ヤマニンマルキーザのみ（それでも3着とはコンマ1秒差の6着）。実に簡単なレースだったと言っていい。馬連2510円、ワイドが780円、1460円、710円。3連複が6130円。3連単が4万1960円。全部当たっていたのである。どうして外すんだろうか。しかも私は、⑬オウノミチを軸にしたのである。1着馬から馬券を買ったのに、そして2日間の芝1200mの1~3着馬をチェックしていたというのに、このレースのすべての馬券を取り逃がすのだ。我ながら信じられない。二度とこういう過ちをしないために、このレースを振り返る。

このレースで⑬オウノミチを軸に選んだのは、先週もオレハマッテルゼ産駒がきていたことを思い出したからだ。先々週だったかもしれない。オレハマッテルゼ産駒はローカルの芝1200mでよくくるなと思った記憶があるのだ。だからこの軸はすんなりと決まった。そして同時に、3番人気を軸にするなら、1番人気の⑪エルカミーノレアルと、2番人気の⑤スマートカルロスは切ろうと決めた。そんな低配当馬券は買いたくない。この時点で私はすでに全治1ヵ月を超えていたので、そんな低配当は買えないというのが本音だが。しかしやっぱり怖くもあるので、ワイドを買うことにした。それならば、1番人気や2番人気がきても大丈夫。問題はそのワイドの相手で、候補は3頭。③ホッコーサラスター（5番人気）、⑦ヤマニンマルキーザ（7番人気）、⑧ホープタウン（4番人気）の3頭。この段階でもワイドの相手に③ホッコーサラスターを選べばまだ正解だった（そのワイドは1460円）。ところが私、ワイドの相手に⑧ホープタウンを選んで（約16倍）そこに5000円。ここでやめておけばまだよかった。さらに間違いは続く。馬連を3点追加したのだ。③と⑦に各1500円（オッズは約80倍と70倍。いくら欲しかったのかだいたいわかっていただけるだろう）、8番人気の⑮プラチナブロンドに2000円（これは50倍）。さらにおまけが、⑬オウノミチから、③⑦⑧⑮への3連単マルチを各100円。これで総額は1万3600円。これだけの資金があるなら、土日の芝1200m戦で1～3着にきた産駒4頭の3連単ボックスを各500円買えたことになる。そうしていると配当は20万超えになっていた。それはリアリティがないというのなら、⑬オウノミチの単を買え。私、この馬の頭は堅いと思っていたのだ。1万3600円を単に入れれば配当は10万弱。それでいいではないか。本当に悔しい。小倉の仇は小倉で撃つ。1回小倉は、来週が最終週だ。ぜひリベンジを果たしたい。

久々にＷＩＮ５が的中

グリーンチャンネルに「新・競馬ワンダラー３」という番組がある。日本全国の競馬関連施設を訪ね歩くドキュメンタリー番組で、開催中の競馬場やウインズを訪ねて馬券を買う回もあるけれど、その多くは今はなき競馬場の跡地を訪ねる回だ。まったく面影が残ってないところもあれば、競馬場の名残がいまだ残っている場所もある。どうしてこんな素晴らしい番組を知らずにきたんだろう。私、こういう古い話が大好きである。「新・競馬ワンダラー３」ということは、「１」も「２」もあったわけで、おお、ＤＶＤで発売してくれないだろうか。高くても買うぞ。この「３」は、「東北・日本海側篇」で、富山からスタートしていまは秋田近辺。３月７日放送の第９回まででいちばん興味深かったのは、横手の大上（おおあげ）競馬場の跡を訪ねる回だろう。第３回のダービー馬フレーモア号がここから出たというだけでも素晴らしいが、大上競馬場は地方競馬史には昭和13年で廃止となっているのに、昭和28年まで競馬をやっていたという現地の人の証言を引き出したのだ。これは歴史に残る証言と言っていい。

レポーターの浅野靖典は『廃競馬場巡礼』（東邦出版／２００６年刊）という本を出したことがあるが、この人なくしてこの番組は成立しない。競馬場の跡地を訪ねて、コーナーの名残らしき跡地を見ると、「いいカーブだなあ」と嬉しそうにレポートする浅野靖典を見ていると、こちらまで幸せな気持ちになってくる。そういえばこの『廃競馬場巡礼』の中に、草競馬場の多くが昭和30年前後に廃止されているとの記述があったことを思い出す。日本経済が高度成長を始めた時代に、猥雑で怪しげな草競馬場は次々と社会から消えていったのだ。前記の大上競馬場の廃止が昭和28年、番組で訪ねた秋田競馬場（名残がまったく残っていなかった）の廃止が昭和29年。やっぱりそうなのである。私もその昔行ったことのある上山競馬場の跡を訪ねた回もあったが、そうか、もうなくなっていたのかと感傷的な気分になった。上山競馬場に行ったのは40年近く前のことで、伴淳三郎の店があったことを覚えている。

今週は小倉競馬場に出撃したオサムと朝からずっとメールのやりとりをして、まるで一緒に競馬場にいるみたいな雰囲気だったが、狙いはもちろん小倉の芝１２００ｍ。マツリダゴッホ、ダイワメジャー、マンハッタンカフェを中心に、タイキシャトル、ヨハネスブルグ、サクラバクシンオーなど、先週１～３着にきた産駒を狙ってみた。土曜の結果は少しだけズレていたが、なあに気にすることはない。この日の芝1200mは4鞍もあるから、少しずつ修正していけばいい。ところが3Rのマツリダゴッホ産駒は6番人気で14着。5Rでマツリダゴッホ産駒⑤ジェイラー（5番人気）は勝ったものの、2着はハービンジャー産駒の③レイホーロマンス（10番人気）でその馬連は1万2520円。こんなの取れません。8Rでは人気薄のバクシンオー産駒⑩マコトグナイゼナウが⑱ゼンノイザナギ（1番人気）の2着に差してきて、馬連が1万510円。本来なら簡単に取れる馬券だが、このレースには7番人気という手頃なダイワメジャー産駒がいて（⑮ヴァッフシュテルケ）、この馬を軸にしてしまったのが痛恨。ちなみにその⑮は16着。しかしこれはまだいいほうだったというのが10R。これでこの日の芝1200mは打ち止めで、いわば最後のレースだったが、ダイワメジャー産駒が2頭（①ヒルダと⑪ペイザージュ）、マツリダゴッホ産駒が1頭（⑯サニーデイヒーロー）。この3頭が一緒にきたらさあ大変。①は4番人気だが、⑪は8番人気、⑯は11番人気だからだ。しかし①は2着にきたものの、⑪は12着、最後の⑯がすごい。なんと18着。ビリだ。これでこの日の私は終了。もうパンクである。やっぱり世の中は甘くないのだ。

あとはおとなしくレースを見ていますとオサムにメールを打ち、テレビの前でぼんやりしていると、WIN5が始まって、阪神10Rは1番人気⑦グレイスフルリープが危なげなく勝ち、中山10Ｒも同じく1番人気⑪ブチコが勝ち（ここは1頭指名で良かったと反省）、おそらくこの次で終わりだろうと思った小倉11Ｒで2頭指名の1頭（⑬ウェスタールンド）が勝ったからドッキン。この日最大の難関は阪神11Ｒ大阪城Ｓ。1～3番人気と、14～16番人気の6頭をカットして、残り10頭指名というのが私の戦略だったが、ゴール前は4頭がハナハナハナの大混戦。その死闘を凌いだのがなんと8番人気の⑭テイエムイナズマ。残り3頭どの馬が勝っても私はドボンだった。最後の弥生賞は⑩リオンディーズと⑪マカヒキの2頭指名だったので、そのままそのまま、えい、どうせならルメール差しちゃえと叫んだらその通りになって久々にＷＩＮ5が的中。その配当は56万とたいしたことはないが、いまの私には盆と正月が一緒にきたような気分。いやはや、しみじみと嬉しい。

シゲ坊、ただいま絶好調

先週は久々にＷＩＮ５を当てたが、ＷＩＮ５だけの収支で言えば、これでまたチャラになったにすぎない。１年前に当てたときにもチャラになったのだが、それから1年、まったく当たらなかったので、この間の投資金額を考えればちょうどチャラ。つまりプラスになったわけではない。５００万とか５０００万が当たったのなら話は別だが、浮かれている金額ではない。それに問題は、馬券が全然当たらないことである。ＷＩＮ５を当てた弥生賞の日もボウズだったが、その前日もボウズ、さらにその前週の日曜もボウズ。３日連続でボウズなのだ。当たったのはＷＩＮ５だけという異常事態なのである。ツイているんだか、ツイていないんだか、よくわからない。しかしこのままではもちろん良くないので、今週はじっくり考えた。ここは複勝だけを買うのはどうか。しかもレースを絞り、ここぞというときに複勝だけ。それならなんとなく当たりそうな気がする。

しかし言うまでもなく、そんな馬券術は後ろ向きで、腰が引けてると言わざるを得ない。

そこで3連単のフォーメーションを買うのはどうか、と次に考えた。1頭→3頭→6頭のフォーメーションなら、たったの15点である。すなわち、A→BCD→BCDEFGの3連単のフォーメーションだ。単勝を買いたい馬がいたら、単勝を1500円買う代わりにその馬を1着に置いた3連単を買うのだ。7倍の単勝を1500円当てれば配当は1万強になるが（これくらいのオッズの馬を狙いたい）、3連単なら3～4万にはなるだろうから、こちらのほうが絶対にいい。2着と3着が限られているぶんだけ、せっかく1着馬を当てても馬券が外れる危険性はあるが、その程度のリスクは仕方がない。なあに、外れてもたったの1500円ではないか。そう考えて今週はシゲ坊と中山競馬場に出撃したが、目の前で馬がばんばん走っていて、阪神と中京でも朝からレースはたくさんあるというのに、これはという馬で7倍くらい単オッズがつきそうな馬が現れるのを、あなたは待てますか。この日は後半に勝負レースがあったので、そこまでじっと我慢すればいいが、気がつくと「これは」と思わない馬までばんばん買っているのだ。最初は、それでも前日に決めた通りに3連単フォーメーションを買っていたが（予定外なのは、これはという馬でもないのに、どんどん1着に採用したこと。お前、バカなんじゃないの）、レースが進むとやっぱりダメだと複勝に切り替え、それも当たらないと3連単を買い始め、もうめちゃくちゃ。で、終わってみるとこの日もボウズ。なんと4日連続のボウズとは我ながらすごい。

着順	予想	枠番	馬番	馬名	性齢	斤量	騎手	タイム	着差	通過順	上り	人気	単勝オッズ	体重増減	厩舎
1		❽	⑫	インナーアージ	牝6	52	津村明	2.34.2		3 4 3	中35.8	⑨	36.2	454+6	北国枝栄
2	▲	❻	⑦	プロレタリアト	牝5	52	杉原誠	2.34.3	¾	9 10 8	外35.4	④	8.7	438+2	南小島茂
3	◎	❺	⑤	ツクバアズマオー	牡5	55	吉田豊	2.34.3	首	5 7 5	中35.6	①	3.0	480 0	北尾形充
4	▲	❶	①	ペンタトニック	牡5	55	石橋脩	2.34.4	½	⑪ 7 8	外35.7	③	4.8	486−8	美大久保龍
5	△	❻	⑧	ケイアイチョウサン	牡6	56	丸山元	2.34.4	首	8 9 5	内35.6	⑧	23.2	454+4	北和田雄
6	○	❸	③	マイネオーラム	牝5	53	柴田大	2.34.4	鼻	2 2 1	内36.3	⑥	9.8	476+2	北高橋博
7	△	❷	②	ワールドレーヴ	牡6	55	松岡正	2.34.6	1¼	⑫ 12 10	中35.5	⑤	9.3	480−2	北二ノ宮敬
8		❹	④	ロジサンデー	牡7	53	大野拓	2.34.8	1¼	9 12 10	内35.7	⑪	52.7	488−4	南古賀慎
9		❽	⑪	アカノジュウハチ	牡5	55	岩田康	2.35.1	1¾	7 4 5	中36.6	⑦	16.4	508−8	南尾関知
10		❼	⑨	マイネルアイザック	牡7	54	三浦皇	2.35.1	鼻	5 3 4	中36.8	⑩	47.7	460−6	美宮　徹
11	△	❼	⑩	ジュンスパーヒカル	牡4	54	藤岡佑	2.35.1	鼻	1 1 2	内37.0	②	4.7	466 0	美友道康
12		❺	⑥	セイカアヴァンサ	牡4	53	内田博	2.36.0	5	4 4 12	中37.5	⑫	118.4	456 0	南相沢郁

単⑫3620円　複⑫590円　⑦240円　⑤160円　　ブリンカー＝①⑨
馬連⑦―⑫14620円㊵　　枠連❻―❽2550円⑮
馬単⑫―⑦33860円㊸　３連複⑤⑦⑫13910円㊾
３連単⑫⑦⑤154680円459
ワイド⑦―⑫3320円㊳　⑤―⑫2020円㉕　⑤―⑦640円⑥

2回中山5日　10R　サンシャインS

しかし私にも惜しいレースはあった。たとえば中山10RサンシャインSだ。パドックで4番人気⑦プロレタリアトが気配抜群だったのである。で、この馬が2着したのだ。しかし勝ったのは9番人気の⑫インナーアージ。ふーんと思って手元の新聞をみると、その⑫インナーアージのところに、パドックで気になった馬につける印が付いている！　ちょっと待ってくれ。おお、そうだ、思い出した。パドックでいちばん気配が抜群だったのは⑦プロレタリアトだが、その次に良かったのは⑫インナーアージだったのだ。しかもパドック印をつけたのはこの2頭だけ。この馬連が1万4620円。馬連を1000円買うだけでこの日の収支がプラスになったというのになぜ買わなかったかというと、その直前の9R館山特別で同じく津村騎乗の⑤サムソンズシエルが不発だったからだ。返し馬が抜群だったこの馬からばしばし買うと、9着。ということが直前にあったばかりなので、10Rのパドックで⑫インナーアージを見つけたとき、また津村かよと思ってしまった。しかし9Rと10Rは騎手は同じでも馬は違うし、それに返し馬診断とパドック診断の違いもある。それなのにこのバカは、ふーんと思うだけでスルー。

数年前の函館を思い出す。丸田騎乗の馬の返し馬を信じれば189万の3連単がゲットできていたのに、その直前のレースの返し馬で丸田騎乗の馬がやはりぴかぴかだったにもかかわらず不発だったので、見限ってしまったという苦い思い出だ。

私に反してシゲ坊は絶好調で、12番人気（ビリ人気だ）の⑨ツーエムカイザーが逃げ切った阪神7Rで、3着⑤サンビショップ（8番人気）とのワイド1万5330円を仕留めるのだ。このとき2着の⑧アーネストミノル（7番人気）は前走では本命を打ったのにこの日は無印。そのために313万の3連単を逃がしてしまったが、狙いが鋭い。翌日の爆弾ホース（シゲ坊は全場全レースから厳選3頭を選んでいる）はすべて激走したから素晴らしい。阪神2Rの⑬ワールドフェーマス（4番人気1着）、中京10Rの④スリラーインマニラ（10番人気2着）、阪神12Rの⑯ジャコカッテ（10番人気1着）だ。ただいまシゲ坊、絶好調である。なんとかそのおこぼれをいただきたい。そう思うこのごろである。

ボウズの日々はいつ終わる？

若いころに勤めていた会社に征郎さんという先輩がいた。私のデビュー本である『戒厳令下のチンチロリン』（角川文庫）というギャンブル・エッセイに、征郎さんがいかに興味深い先輩であるかをたっぷりと書いたけれど、すでに絶版になって久しく、ご存じのない方も多いと思うので、改めて書いておきたい。征郎さんはいつも出目で馬券を買っていた。奇数＋奇数なのか、奇数＋偶数なのか、偶数＋偶数なのか。すべてのレースはこの3つのパターンに分類されるが、それを征郎さんはひたすら研究分析するのだ。ちなみに、遙か昔のことなので馬連はなく、枠連の時代である。で、結果が2－4と決まると「惜しい！」と言うので征郎さんの買い目を聞くと、1－3、1－5、1－7、3－5、3－7、5－7の6点買いである。全然惜しくない。まるで違うではないかと思っていると、「いや、ここは偶数・偶数とも読めたんだよね。でも奇数・奇数と読んじゃった。惜しいなあ簡単に取れた馬券なのに」とホントに悔しがるのである。

この征郎さんの挿話を思い出したのは、３日間競馬の最終日のＷＩＮ５を外して、あれこれ考えているとき、あ、おれ、同じことをしていると思ったからだ。この日の勝ち馬は、①中山９Ｒ鎌ケ谷特別がルナプロスペクター、②中京10Ｒ小牧特別がパワーウーマン、③中山10Ｒ韓国馬事会杯がセンチュリオン、④中京11Ｒ夢見月Ｓがノウレッジ、⑤中山11Ｒフラワ一Ｃがエンジェルフェイス。人気は順に、１番人気↓３番人気↓４番人気↓６番人気↓１番人気である。これで配当が97万。億を狙っている人には屁のつっかいにもならない金額だろうが、私のストライクゾーンだ。ようするにこの日のポイントは、中京11Ｒ夢見月Ｓのノウレッジを少ない点数で指名できるかどうかだ。全体の点数を１００点前後でおさめるためには、３レースを３頭指名、残り２レースを２頭指名。これで１０８点である。そういう枠の中で人気薄を指名するには、人気で堅いと思ったレースは思い切り絞り、荒れると踏んだレースでは網をひろげるという設計図が必要になる。ところがあまり絞りすぎると堅いレースを取りこぼしたりするからＷＩＮ５は難しい。

実はこの日、中京10Ｒ小牧特別と中京11Ｒ夢見月Ｓを、私は外してしまった。５つのうち２つを外したのでは全然惜しくないと思われるかもしれないが、私に言わせればホントに惜しいのである。というのは、荒れるのは中京10Ｒ小牧特別か、中京11Ｒ夢見月Ｓか、そのどちらなのかをさんざん迷い、前者を選んでしまったからだ。「荒れるレース」として後者を選べば、つまり中京11R夢見月Sを選べば、6番人気のノウレッジは楽勝で指名できる。そうすれば逆に、中京10R小牧特別は自動的に「堅いレース」になるので、3番人気のパワーウーマン指名も簡単である。中山10R韓国馬事会杯のセンチュリオン（4番人気）を2頭指名で当てていただけに、「荒れるレース」の選択さえ間違えなければ、この97万は簡単にゲットできていた、ということになる。ホントに惜しいよなあ、と思った途端に征郎さんのことを思い出したのである。そうか、惜しいと思っているのは本人だけで、まわりの人から見れば「全然惜しくない」と思われるかも。いやはや。

実は今週、筆記具をすべて新品に変えてみた。いつもは開催替わりのときとか、旅競馬に出掛けるときに新品に変えるのだが、開催替わりまでとても待てない。赤のサインペンをはじめ、青、水色、茶色、紫、緑、ピンクと各色のマーカーまで（私の新聞は各色が入り乱れるのでそれはもう鮮やかである。別に色に凝っているわけではなく、見やすいように塗り分けたらこうなってしまった）、東急ハンズに買いに行き、すべて新品に変更してみた。ゲン担ぎである。ところがやっぱり当たらないのだ。これほど馬券が当たらないのは空前絶後。ちょっと記憶にない。いったいどうしちゃったのか。

もちろん、これまでもずっと負けた記憶はあるが、それは結果として負けただけであり、その間、馬券はいくつか当ててはいるのだ。ところが今回はあまりにボウズの日々が多すぎる。３日間競馬で馬券を当てたのは日曜のスプリングＳのみ。あとは土曜も月曜もボウズである。日曜も、スプリングＳ以外は一つも当たらない。これでよく全治１ヵ月で済んだよなというのが実感だ。スプリングＳを当てなければ全治２ヵ月を超えていただろう。数週前のＷＩＮ５的中がなければ大変な事態になっていた。しかしあの的中分も残り少なくなっている。なにか抜本的な解決策を一日も早く見つけないと手遅れになる。グリーンチャンネルの「新・競馬ワンダラー３」第10話を見ながら（青森の金木競馬場、別名芦野競馬場の跡地を訪れる回で、これも興味深かった）、そう考えたのである。こういうときはどうしたらいいのか、誰か教えて。

的中率がなんと1・6%!

それにしても空前絶後と言っていい。この8日間で当てたのは、2回中京2日目のトリトンSと、スプリングSの2レースだけなのである。あとは何ひとつとして当たらない。1日平均15レース買ったとして8日間の購入レースが120レース。それで的中がたった2レースとは想像を絶している。的中率はなんと1・6%だ。ちなみに、私の的中率はこの40年間変わらない。どんな年でも10%である。年間1000レース購入すれば的中するのは100。回収率は年によって異なるが(ようするに大きな配当が当たったときは負けが少なくて済むが、そういうものがない年は大負け)、的中率だけは不変なのだ。だから8日間で的中が2レースのみ、というのは異常事態と言っていい。どうしたんだおれ?

これまでも大きく負けた日はあった。しかし結果的には大負けの日でも、途中経過では1~2本馬券を当てたりもした。だから終わったあとで、あそこでもっと大きく賭けておくんだったと悔やんだりするのである。あるいはボウズが3日間くらい続いた時もあったが、こんなに当たらない日々が続いたことはない。この異常事態は、ホントに初体験と言っていい。そこで今週は原点に返ることにした。よく見えた馬を買う――これに尽きる。筆記具を変えるなんて小手先のことに頼るのではなく、データをいろいろひねくりまわしても当たらないのなら、もう素朴な原点に戻るしかない。というわけで2回中京5日の5R。3歳未勝利の芝2000m戦だが、このパドックでおやっと思ったのが、④エクセレントミスズ。ナカヤマフェスタ産駒の関西馬で、4着、8着、4着ときてここが4戦目の馬だ。競馬エイトの本紙予想がこの馬に◎を打っていたので複勝が1倍台ならやめるつもりでいたが、5番人気で複勝も2倍はつく。最初はその複勝だけを買おうかと思った。ここは儲けるというよりもリハビリなのだから、まずは当てるということが重要だ。だから100円の複勝でもいいのだ。しかしいくらなんでも100円の複勝はないよな。で、この馬の複勝を1000円買うつもりだったが、1番人気の⑬コンフィアンサ（鞍上はバルジュー）が堅そうなので、馬連（11倍）はどうか。いやいや、念には念を入れてワイド（5倍）のほうがいいか。複勝→馬連→ワイド、と進んできた思考がここで一時ストップ。⑬の1着が堅いのなら、3連単でもいいのではないか。こう誰かが耳元で囁くのである。相手もほぼ7頭に絞れる。というわけで、⑬を1着、④を3着に置いた3連単フォーメーション7点流しを買ってみた。ワイド700円を買うよりもこちらのほうが絶対に配当がいいはずだ。でも待てよ、④が2着の場合もあるな。で、④の2着バージョン7点も追加。すると、⑬が危なげなく勝ち、④が外から差してきて、ぴったり3着に上がったところがゴール。おお、2着バージョンはいらなかったぜ。と思ってよく見たら、2着馬は⑩トモジャハリーフ（13番人気）。こんな馬、買っていない！　その3連単は19万弱。複勝（240円）でもワイド（550円）でもよかったのに、このばかは考えて考えて当たらない馬券を買うのだ。

今週はパドックで気になった馬が少なく、もう1頭は日曜中京7R（4歳上500万下の芝1200m戦）の⑱アズマクィーンだった。アドマイヤムーン産駒の4歳馬で、鞍上は岩田。なんと11番人気で、パドック中継の段階では単勝37倍、複勝7倍。夢いっぱいに膨らんで、単複と3連複をばしばし買ったら、最後の直線で鋭く追い込むもののコンマ3秒差の4着。たとえ3着にきたところで1～2着馬が上位人気馬だったから、たいした配当は望めなかったが、しかし流れが変わっていたかもしれない。ギャンブルに流れは大切だ。この中京7R以外に見どころは何もなく、今週もボウズで全治1ヵ月。もうホント、イヤになってきた。

それでも競馬をやめない理由は、WIN5が実に惜しかったのである。先週の「たられば」は、客観的に見れば「全然惜しくない」と言われるかもしれないが、今週は本当に惜しかった。阪神のメイン六甲Sで1～2番人気の2頭を指名したつもりだったのだ。ところがきちんと確認しなかったので、私が実際に指名した2頭は1番人気馬と3番人気馬。ここを2番人気馬に勝たれてしまい、66万が抜け。馬券で66万を取るのは難しいが、WIN5はこのようにいつでもチャンスがあるからやめられない。1レースだけが荒れて、あとは人気馬が勝つという絵に描いたような私のストライクゾーンの日だったのだが（「荒れるレース」と決めたマーチSは10頭指名で8番人気馬を的中）、まさか六甲Sで2番人気と3番人気を間違えていたとは知らなかった。こういうのは、取れるときに取っておかないとあとはなかなか当たらないのだ。次にストライクゾーンがやってくるのはいつなのか。我慢の日がしばらく続く。

競馬ワンダラーのこと

グリーンチャンネルの「新・競馬ワンダラー3」が全12話で終了した。もっと楽しみたかったのに残念である。いまはなき競馬場の跡を探して旅する（ときどき牧場などの関連施設も訪ねるが、競馬場の痕跡をたどる回がとにかくいい）このドキュメンタリーに気づくのが遅く、いま再放送の録画に懸命である。2006年の「競馬ワンダラー1」（これは北海道から始まって沖縄まで日本全国を縦断したようだ。おお、見たい）から始まって、2007年の「2」（これは九州が中心）、2008年の「3」、2012年の「新1」（東京、千葉など）、2013年の「新2」（神戸から始まり九州まで）、そして今回の「新3」（富山から始まり青森まで）と、これまで6シリーズが放送されてきたようだ。グリーンチャンネルでは競馬中継しか見ていなかったので（ときどき、「競馬場の達人」は見ていたが）、こういうドキュメントを放送しているとは知らなかった。私が気がついたのは今回の「新3」の途中からなので、まだ全貌が見えない。「3」と「新3」が全14話、「新1」と「新3」

が全12話であることはわかったが、残りの2シリーズが全何話であるのかまだ不明。その2シリーズが全14話なら、この「ワンダラー」は全部で80話ということになる。残りの2シリーズがともに全12話なら、全部で76話。そのすべてをこれから見ようと再放送をせっせと録画しているのだが、問題はその再放送がばらばらであることだ。毎週月曜から木曜までの4日間、午前11時半から2話ずつ再放送しているのだが、3月最終週の例を書けば、月曜が「新2」の7〜8話、火曜が「2」の5〜6話、水曜が「3」の13〜14話、木曜が「新1」の11〜12話、なのだ。もらばらばらである。これでは何を録画したのか、何を見たのかがわからない。そこで全80回の表を作って、録画した回、見た回をどんどん記入していくことにした。

そこで気がついたのは、再放送だけでなく、再々放送も結構あることだ。私が知らないだけで、あるいは再々放送とか、再々々々放送もあるのかもしれない。まだ録画もしていないけれど内容が判明したものは、表に地名や競馬場名を書き入れていく。たとえば4月19日に再放送される（再々放送かもしれないが）「新1」の5〜6話は東京競馬場の回で、これは楽しみだ。この「新1」は横浜根岸から始まり千葉下総で終わる関東篇で、7〜8話に中山競馬場を取り上げたことはわかっているが、こちらの録画予定は未定。これまでに面白かったのは、佐賀のエンドレスファームを訪れた「2」の6話。グリーングラスが種牡馬を引退したあと余生を送ったところで、ここに墓まであるのだ。グリーングラスは私が競馬を始めたころに出会った1973年生まれの馬で、トウショウボーイ、テンポイントと並んで3強と言われた馬である。グリーングラスが九州で種牡馬になったことは知っていたが、2000年まで生きていたとは知らなかった。命日は6月19日だという。「新2」の9話で取り上げた鹿児島県串木野の浜競馬も興味深かった。「2」の5話でも都城の草競馬を取り上げたが（2万人の観客がつめかけるとはすごい）、九州では草競馬が盛んなのか。そういえば、この番組でも九州を訪ねた回が多い。「ありがとう！　レッツゴーターキン」という歌をうたうだけ（？）の回もあったりするが、それもご愛嬌。「3」の前半と、「1」の全部を早く再放送してほしい（私の表ではこのあたりが空白である）が、それともう一つのお願いは、「ワンダラー」の未踏の地がまだ残っているのかどうかは知らないが、第7シリーズを1日も早く始めてほしいこと。昔の競馬場を知る古老がまだ存在している間に証言を集めたほうがいいと思う。それにしても日本全国にこれだけの競馬場があったという事実には驚く。短命の競馬場も少なくないが、それでも各地にその痕跡が残っているということは、それだけ多くの人に競馬が愛されてきたということだろう。まったく素晴らしい。いま気がついたが、このドキュメンタリー、馬事文化賞を受賞するべきなのではないか（もうすでに受賞していたらごめん）。

浅野靖典さんには『廃競馬場巡礼』続篇の刊行もお願いしたいが、今週なかなか競馬の話にならないのは、書くことが何もないからだ。土曜中山6Rを当てただけ。8日間で2レースしか当たらないやつが、土日で1つ当たったのだから、すごい進歩である（ホントか）。WIN5の配当は150万。ああしてこうしてこうすれば、取れないことはなかったよな、と終わったあともしばらく競馬新聞を見ていた。馬券があまりに当たらないのでWIN5で補填しよう、という考え方が間違いであるのはわかっている。WIN5のほうがもっと当たらないのは自明の理だ。しかし馬券はいくら考えても当たらないが、WIN5は当たりそうな気がするのである。いまのおれ、やっぱりおかしい？

思い切り叫ぶと競馬は楽しい

統計的数値、というものがある。たとえばサイコロを振ったときに出る目は、振る回数が少なければ偏ることがあるが、回数が多ければ多いほど出る目は平均化していく。そういうものなのである。だから先週まで、150レース購入して的中が3レースという現実にも実は悲観していなかった。たしかに異常事態ではあるけれど、一年間戦えば的中率10%という私の平均に近づくはずである。まだ150レースだから的中率2%と偏るのだ。1500レースになれば絶対に10%に接近する。この40年ずっとそうだったのだから、それが真実である。その統計的数値を私は信じている。問題は偏りがひどいと辛抱できないことだ。いつかはどっと当たりがきて、毎年の平均である10%に近づくだろうが、この状態がいつまでも続くと心が折れそうになるのだ。一日も早く、もう少し的中率が上がってほしい。と思いながらシゲ坊と中山競馬場に出撃した桜花賞の日、福島2Rでいきなり当たりがきた。

2回阪神6日　2R　3歳未勝利

着順	予想	枠番	馬番	馬名	性齢	斤量	騎手	タイム	着差	通過順	上り	人気	単勝オッズ	体重増減	厩舎
1	△	❺	⑩	クロスアンジュ	牝3	53	小崎綾	1.13.1		2 2 2	中37.5	⑦	38.1	466+6	棘庄野靖
2	△	❹	⑦	テイエムマンカイ	牡3	56	松山弘	1.13.1	鼻	10 9 8	内36.6	⑥	31.3	538	棘柴田光
3	◎	❸	⑤	オンザフロウ	牝3	54	田中健	1.13.1	首	1 1 1	内37.6	③	5.9	458 0	棘福島信
4		❷	④	クリノシャンティィイ	牡3	56	藤岡康	1.13.2	首	7 6 4	内37.1	⑫	168.7	458-4	棘田中章
5	▲	❸	⑥	グランアルバス	牡3	56	戸崎圭	1.13.4	1½	6 6 7	外37.2	④	6.4	464+2	棘森　秀
6	△	❻	⑪	クワッドアーチ	牡3	56	福永祐	1.13.6	1¼	5 5 4	外37.5	⑤	8.0	540+16	棘中内田充
7	○	❽	⑮	ニシノラディアント	牡3	56	ルメール	1.13.8	1¼	14 13 13	外36.8	①	2.2	486+4	棘北出成
8		❶	①	ゼットシャンティ	牡3	56	松田大	1.13.8	鼻	3 3 3	内38.0	⑪	154.3	498+4	棘池添学
9		❺	⑨	クリノエディンバラ	牝3	53	岩崎翼	1.13.9	½	12 11 11	内37.2	⑭	248.0	446+4	棘作田誠
10		❻	⑫	カノヤルジャンドル	牝3	54	菱田裕	1.14.1	1	12 11 11	中37.4	⑬	245.2	440-2	棘坂口則
11		❷	③	カシノポップ	牝3	54	松岡正	1.14.4	1¾	15 15 15	内37.2	⑮	316.3	422-4	棘牧田和
12	△	❼	⑬	エイシンピカデリー	牝3	54	Mデムー	1.14.9	3	9 9 10	外38.2	②	4.1	452-2	棘藤岡健
13		❹	⑧	ナムラシャーロット	牝3	54	酒井学	1.15.5	3½	7 8 8	外39.0	⑩	148.6	394+4	棘福島信
14		❶	②	スマートアルファ	牝3	52	義　英	1.15.5	鼻	4 3 4	中39.6	⑨	122.5	472+6	棘佐々木晶
15		❼	⑭	ティノ	牝3	54	石橋脩	1.15.8	1¾	11 13 15	外38.8	⑧	48.0	390+6	棘坂口則
		❽	⑯	キャプテンブレイズ	牡3	56	小林徹	（取消）		じんましん					棘森　秀

単⑩3810円　複⑩970円　⑦800円　⑤210円　　ブリンカー＝⑩
馬連⑦―⑩71420円㊾　　枠連❹―❺16590円㉔
馬単⑩―⑦175880円124　３連複⑤⑦⑩129060円131
３連単⑩⑦⑤1376090円969
ワイド⑦―⑩14880円㊿　⑤―⑩4630円㉘　⑤―⑦2670円⑳

残念なのは、中山2Rの検討をしていて、最初からレースを見ていなかったこと。はっと気がつくと最後の直線で、ええとええと、このレースはどんな馬券を買ったんだっけ？　とっさのことなので、すぐに軸馬も馬券の種類も浮かんでこない。最後の最後にインをついて③キープサニーハートが3番手に上がるのが見えた。あれ、もしかするとオレの馬券が当たった？

1着が⑦ワイエムデマクール（8番人気）、2着が⑪ランポルテ（7番人気）、3着の③キープサニーハートが10番人気の馬なので、3連単が78万となったレースだが、ワイド③⑦5730円がヒット。叫べなかったのは悔しいが、すぐに叫んだのは直後の阪神2R。3歳未勝利のダート1200m戦だが、7番人気の⑩クロスアンジュの単複にワイドを4点買うと、この⑩クロスアンジュが先行して凌ぐのである。「コザキコザキこざき」「そのままそのまま」「KOZAKIこざき」

と最後の直線で叫びまくった。ゴール前は大混戦で、最後の最後に⑩クロスアンジュがひょいと先頭に立ったところがゴール。ハナクビクビの混戦を制した単勝は3810円（私が買ったときは30倍だった）、複勝970円。3番人気で3着の⑤オンザフロウとのワイドが4630円。2着の⑦テイエムマンカイ（6番人気）は買う気がなかったので3連系の馬券を買っていたら外れだった。単複とワイドにして正解。ここまでの反省は今週からレートをがくんと下げたこと。いつもならがつんがつんと買っていたに違いないが、不調がここまで続くと弱気になるもので、どうしてレートを下げたんだよおと言いたくなったが、下げたから当たったということもある。いや、無理にそう思い込んだだけですが。

ところで当たりはまだ続く。次は福島9R（ダート1150m戦）だ。⑬スカイアクセス（10番人気）からワイドを3点買うと、その⑬が最後の直線でじりじり伸びてきて、3番手で粘る1番人気の⑦エイシンカーニバルに迫るのである。シゲ坊も同じ馬券を買っていたので、二人で声を揃えて叫んだ。「西村にしむらNISIMURAニシムラ！」「差せ差せ差せ！」。2頭の鼻面が並んだところがゴール。息を呑むようにリプレイを見ると、おお、素晴らしい！　きっちり差している。1着馬とのワイドが3450円（買ったときには23倍だったのにこれは嬉しい）。ところでこのとき、中山競馬場のキングシート付近ではざわついていたので、何が起きたんだとシゲ坊に尋ねると、彼も首をひねる。みんなが

⑬スカイアクセスを買っていたのかとも思ったが、1着馬の鞍上が藤田菜七子だったんですね。つまりＪＲＡ初勝利だったわけだ。全然気がつかなかった。

この日最後の当たりが中山10Ｒ隅田川特別（4歳上1000万下の芝1600ｍハンデ戦）。ＷＩＮ5の最初のレースなので本来なら馬券を買わないレースなのだが、この日は一応買ったもののＷＩＮ5にまったく自信がなく、その分を馬券で取り返してやれと購入。5番人気の⑫ルグランパントルを軸に、3連複フォーメーション。⑫はマツリダゴッホ産駒だが、この日の中山5Ｒ（これも芝1600ｍ戦だ）で同産駒がワンツーしていたことと、競馬エイトの調教プレミアムに選ばれていたので迷わず本命にしたのだが、期待通りに2着を確保して、1万6540円の3連複をゲット。これまで150レース買って3本しか当たらなかったやつが、なんと日曜だけで4本的中である。

しかし土日でまた30レース購入したのでこの間の総レース数は180。的中率10%なら、18本的中しなければならないのに、日曜の4本を足してもまだ7本である。つまりこれでも平均値より11本少ない。だから4本くらい当たったところで全然浮かれていない。まだまだ勝負はこれからだ。反省すべき点が幾つもあり、それを考えながら、久しぶりに当たった喜びを静かに噛みしめるのである。

藤田菜七子との相性

久々に風邪をひいた。週中はなんとか仕事をしていたが、だんだん病状は悪化して、週末は鼻水がとまらなくなった。競馬新聞は買ってきたものの、喉は痛いし体はだるいし、とても検討する気力がない。馬柱を見ているうちに頭はぐるんぐるんしてくるし、集中力が持続しない。これではだめだ。こういう事態になると健康のありがたさが身にしみてくる。いつもなら馬券が当たらないだの痩せたいだの女にモテたいだの、あれこれと不満をかかえているが、こういう状態になると、健康であればそれがいちばんだ、という気になってくる。それ以外はすべて贅沢というものだ。

土曜は終日ぼーっとした状態で過ごし、勝負は日曜から。勝負といっても皐月賞は堅そうなので（日曜の朝の時点ではそう考えていた）、大枚を突っ込む気はない。GIだからといって、多額の金を突っ込む必要はない。先週などは、阪神6Rの③ドラグーン（6番人気で5着）の複に3万突っ込んだのに、桜花賞は私、2000円しか買っていない。ドラグーンの複に突っ込む金額は、最初は1万くらいのつもりでいたが、午前のレースでヒットしたので、その分を上乗せ。どうしてあれほど自信があったのか、今となっては皆目わからない。しかしその点について後悔はしていない。複勝1万（からスタートする）転がしをまたやるつもりなのだ。来週から春の府中開催が始まり、それが延々2ヵ月続くから、その間にやる予定なのである。つまり春の府中限定の2ヵ月転がしだ。府中開催になれば毎週競馬場に通うだろうから、馬をじっくり見て、この馬は1万を入れるにふさわしいか、それを自分に静かに問いかけて突っ込むのだ。

急いで書いておくが、この「春の府中限定の2ヵ月転がし」で、大儲けを狙っているわけではない。ただ漫然と馬券を買うのではなく、そういう楽しみがあったほうがいい、ということだ。もっと正直に書くと、府中開催は私の鬼門であり、毎年大負けする開催なので、別の楽しみを作ることでやり過ごしたい、というニュアンスもある。桜花賞の日の阪神6Rのドラグーンは、春の府中が始まる前に資金を作っちゃおうかなという助平心だったが、世の中はそんなに甘くない。ま、いいけど。

土曜にたっぷりと寝たので日曜の朝は幾分具合もいい。午前中に飛ばしちゃうとあとがつらいので、1～2Rはすべてケン。馬券を買ったのは阪神3R（3歳未勝利のダート1800m戦）からだ。3番人気の⑤クリノメルクリウスを軸に、①バイキングスター（4

番人気）と⑮タマモマリンバ（10番人気）にワイドを各1000円。すると、1コーナーに向かう途中に数頭が落馬してその中に⑮タマモマリンバもいる！　これで私のワイド馬券は1点になってしまったが、1点で当てるのは難しいよな。いや、2点でも難しいのだが。私の軸馬は2着と健闘したものの、①は6着。ふーん。この日の最初のヒットは福島7R。4歳上芝1200m戦だが、277倍の3連複が当たるのである。こういう馬券がヒットするとは嬉しいが、続けて次の福島8Rも当たったから驚いた。こちらは4歳上500万下のダート1700m戦で、私の軸馬は⑬クリノダイシャリン（4番人気）。ダントツ人気の⑩ディアコンチェルトで堅そうなレースだが、ワイド⑩⑬ではつかないので、ワイドの相手を⑥タイムアラウド（5番人気）にした。この馬、シゲ坊予想の本命である。私、先週からワイド中心の馬券作戦に切り替えているのだ。しかも10倍以下の馬券は買わない、というマイルールを作っている。だからとりあえずワイド⑥⑬を買ったあと、それだけではつまらないなと、⑩⑬の2頭を軸に3連複を3点購入。すると、どちらの馬券も的中するから、競馬は面白い。ダントツ人気の⑩ディアコンチェルトが勝ち、2着が⑬クリノダイシャリン、3着が⑥タイムアラウド。ワイド⑥⑬が2190円、3連複が思いのほかついて3760円。これくらいの配当を3点で仕留められればおいしい。実はこの⑬クリノダイシャリン、鞍上は女性騎手ブームを巻き起こしている藤田菜七子である。彼女が鞍上だから買ったのではないのだが、不思議なことに私、相性がいい。藤田菜七子はこれまでＪＲＡで1勝2着2回と3連対しているが、そのうちの2回も私は馬券を仕留めている。いや、偶然なんだけど。

この日は後半ぼろぼろに負けたのに全治2週間の怪我で済んだのは、この福島7～8Rの貯金があったからだ。この日に当てたのはこの2レースのみ。購入レースは20レースだから、ほら、ちょうど的中率は10％である。これが私の平均で、ようやくいつものペースに戻ったようだ。いつものペースということは回収率が低い、ということでもあるのだが、まあ馬券がときどき当たればいい。全然当たらないとホント、つまらないのだ。あとは、来週から始まる地獄の府中開催をいかに乗り切るか、それがこの春の課題である。

返し馬診断が当たった

私は近眼に老眼なので（あとは歳を取ってきて視力そのものが衰えてきたということもあるが）、東京競馬場のターフビジョンを見ても、細部がよくわからないことが少なくない。ゴール前の接戦のときなどは、特にそうだ。東京競馬場のレースなら目の前で行われているのだから、ターフビジョンなどを見ずに生観戦すればいいのだが、他場のレースはそうはいかず、ターフビジョンを見るしかない。だから、他場のレースが発走時間になると席を離れて穴場の上のモニターを見に行くことが多い。モニターの前はいつも結構混んでいるから、私のように目が悪い客が多いということなんでしょうか。ところが一人で競馬場に行っているときならそれでもいいが、仲間と一緒のときは、みんなの近くで見たほうが楽しいから席をたてない。「そのまま」とか「差せ」とか叫んで、「よし」と叫ぶと「どうして、これを買えたんだよ」と聞かれるのも楽しいし、あるいは逆に、「だめだめだめ、お前はきちゃだめ」と叫んでがっかりするとみんなが笑ったり、そういう会話が楽しい。だからそのときも席にいて、ターフビジョンを見ていた。1回福島5日目の10R伏拝特別だ。

4歳上500万下の芝1200m戦だが、そのゴール前では⑬ツクバジャパン（3番人気）が先頭で、2番手が⑯サウンドドゥイット（11番人気）。この1～2番手は変わりそうにない。3着争いが大混戦で、内の⑭フクノグローリアと⑩タカミツスズランのどちらかが3着なのだが、それがよくわからない。思わず立ち上がって、後ろの席にいたオサムに尋ねた。「3着はどっち？」。この日はオサムが東京競馬場にやってくるというので、たそがれのトシキを誘って出撃したのである。オサムの到着が昼近くになるというのでこの日は久々に一般席で観戦。藤田菜七子騎手の東京競馬場初参戦の日なので気のせいかいつもよりも混んでいたが、その藤田菜七子騎手は1レースで落馬負傷で以後はすべて乗り替わり。一般席で観戦だから、仲間たちが好きな時間にやってくるのも楽しい。午前中に顔を出したシマノは、これから相模原でテニスなんだよと、聞いてもいないのに予定を言ってすぐに帰っていった。午後からはツッチーも現れて、にぎやかである。モニター観戦のトシキが席に戻るなり、「3着は10番だよ。モニターではそう見えたよ」と言うので急いでモニターの下に行ったが、もうリプレイは終わっていて、画面は次のレースのオッズを映しているだけ。結果は本当に⑩タカミツスズラン（6番人気）が3着だった。私はこの馬から、⑥エスジープログレスと⑧リミットブレイクへワイド2点が大本線。最近はワイド馬券が

2回東京初日　6R　4歳上500万下

着順	予想	枠番	馬番	馬名	性齢	斤量	騎手	タイム	着差	通過順	上り	人気	単勝オッズ	体重増減	厩舎
1	▲	❼	⑨	バイオンディップス	牡4	57	田中勝	2.13.5		2 1 1	内39.0	⑥	21.3	520+ 8	南 小島茂
2	◎	❹	④	キネオフォルツァ	牡5	57	戸崎圭	2.13.7	1½	5 3 3	中39.0	①	1.9	528 0	北 伊藤大
3	△	❶	①	レオナビゲート	牡5	54	菊沢一	2.13.8	¾	1 2 2	中39.3	④	8.1	484 0	北 奥平雅
4	◬	❼	⑧	ブラックブリーズ	牡4	57	石橋脩	2.14.0	1	7 3 3	中39.3	⑤	12.8	476+ 2	南 斎藤誠
5	○	❻	⑦	アンジュリンブレス	牡4	57	蛯名正	2.14.2	1	⑪ 11 6	外39.1	②	4.1	498 0	北 高木登
6		❻	⑥	クリノエビスジン	牡5	57	松岡正	2.14.2	頭	3 3 6	中39.0	⑨	43.4	478- 4	北 天間昭
7	△	❺	⑤	ダンスールクレール	騸5	57	内田博	2.14.3	¾	7 7 6	中39.2	⑦	21.4	484- 4	南 矢野英
8	△	❷	②	ワトソンクリック	牡4	54	原田和	2.14.5	1¼	6 11 6	内39.3	③	7.9	508+12	南 小桧山悟
9		❽	⑪	ウインオベロン	牡4	57	吉田豊	2.14.6	首	7 11 11	外39.2	⑩	58.7	484 0	南 田村康
10		❽	⑩	オアフライダー	牡6	57	Tベリー	2.14.8	1¼	⑩ 3 3	外40.1	⑧	25.7	492 0	北 和田雄
11		❸	③	オーマイホース	牡4	57	武士沢友	2.15.9	7	3 7 11	内40.5	⑪	193.4	476- 2	北 清水英

単⑨2130円　複⑨340円　④110円　①190円　　ブリンカー＝⑨⑧⑦⑩
馬連④―⑨1650円⑥　　枠連❹―❼610円②
馬単⑨―④5010円⑱　３連複①④⑨3420円⑫
３連単⑨④①35010円109
ワイド④―⑨610円⑦　①―⑨1740円⑳　①―④300円②

中心なのだ。10～20倍くらいのワイドを狙うのである。ところが前者が4番人気で12着、後者が1番人気で16着（ビリだ！）。せっかく軸馬が3着にきたのにこれではワイド馬券は外れ。ところがこのときは3連複も買っていて、そちらがヒット。この配当が7万。おお、そんな馬券を取ったのは久々だぞ。

しかし競馬の神様に怒られてしまうかもしれないが、それよりも嬉しかったのがこの日の東京6R。4歳上500万下のダート2100m戦だが、最初は①レオナビゲート（4番人気）を狙っていた。東京のダート長距離戦は内の逃げ馬を狙うというのがマイルールで、何度か穴馬券を取らせてもらっている。ところがダントツ人気の④キネオフォルツァとの馬連が7倍強。これではおいしくない。そういうときに、⑨バイオンディップスの返し馬が目に飛び込んできたのだ。急いでオッズを確認すると、単勝20倍強の6番人気の馬だ。そこで、この馬の単複と、④キネオフォルツァとの馬連とワイド。すると、スタートと同時に①がポンと先頭に立ち、⑨が2番手。息を呑むように見守っていると、3コーナー手前から⑨がハナを取るのだ。カツハル、それでいい。そのまま押し切ってしまえ。叫ぶのは早いので、そう呟くと、そのままの態勢で4コーナーを回っていく。外からダントツ人気の④が迫ってくるが、⑨の脚いろにはまだ余裕がある。200m前の段階でようやく叫んだ。ダントツ人気馬から買ったら4番人気との馬連がたまたま当たりそうになっている、なんて誤解されたくないので、正確に叫んだ。「カツハルカツハル、頭だ頭だ」「そのままそのまま」。④の猛追をしのいで、⑨が先頭でゴール。単勝2130円、複勝340円、馬連1650円、ワイド610円が全部的中して、4000円が4万6000円になったわけだが、50倍の馬単も、350倍の3連単（3着が①だったのだ）も1点で取れていたことを考えれば、あと8万5000円の上乗せも簡単だったことになる。買えよお前。福島10Rよりもこの東京6Rのほうが嬉しいのは、もちろん返し馬診断が的中したからだ。いいなあこういうの。この日の浮きは翌日全部吐き出して、終わってみたらチャラだったが、悪夢の東京開催をこのまま乗り切りたい。

悪夢の東京開催はこうして乗り切ろう

ゴールデンウイークの競馬場は大混雑するので早く行かないと指定席には入れない。ところが土曜に横浜で仕事があり、その日は飲んで帰宅するので日曜の早朝に起きるのは無理だ。そこで日曜は指定席を断念し、久々に下でやることにした。だったらゆっくり行こうとたっぷり睡眠を取り、競馬場に到着したのが京都3Rから。3歳未勝利のダート1800m戦だが、挨拶代わりに6番人気の⑫マイネルインディゴの複勝と、⑥カフジキング（3番人気）、⑩チャイマックス（2番人気）、⑮イフリート（5番人気）の3頭にワイド。すると、1コーナーを外の4～5番手で回った⑫は向こう正面で先頭に立ち、3コーナーで鞍上の手が動き始めたので、これはだめかと思ったら、なかなかしぶとい馬で、1番人気の①フェイスインパクトには差されたものの、2着で凌ぐのである。3着に⑥が入ったので300円の複勝と、1070円のワイドが的中。最近はこういう買い方が多い。3連複とか3連単を買うのはメインくらいにして、あとは複勝にワイド、ときどき馬連といったところである。つまり、春10週間の鬼門の東京開催を乗り切るために、あまり熱くならないように注意しているのである。

だから朝から指定席に入るのではなく、昼ごろから競馬場にきて、ちょっと寄っただけという風情は、いまの私にぴったりである。場内のあちこちを歩いたり、ターフィーショップを覗いたりするのもいい。ゴールデンウイークの競馬場はやはり混雑していて、特に家族連れ、中でも乳母車を曳いたお母さんが多い。そうだ、「シニアメンバーズカード」を作ったんだと思い出したので2時半に受付に行ってみると満席。申し込みのときには、G1の日でも満席にならないことがありますと聞いていたので、ずいぶん話と違うなあ。ゴールデンウイークだから特別か。実は「シニアメンバーズカード」を作ったものの、まだ一度も利用したことがない。競馬仲間と出掛けるときに自分だけシニア席に入るのはおかしいし、一人で競馬場に出撃するときはだいたい指定席に入ってしまうから、「シニアメンバーズカード」を使うことがないのだ。「一人で」「昼すぎから」競馬場に行くときには使うかもしれないと思って作ったのは、もう歳だからずっと立ちっぱなしは疲れるからだ。だからこんな日にぴったりなのだが、そういうときにかぎって満席とはうまくいかないものである。

京都6R（4歳上500万下のダート1400m戦）の⑭タマモユウトウセイの複勝を

買おうと思ったときに、待てよここで1万円コースを始めるのはどうかとひらめいた。1万円からスタートして2倍の複を10回転がせば1000万円になる。そのためには最後の転がしのとき500万を突っ込まなければならないわけで、そんなことが私にできるわけがないから机上の空論なのだが、夢はでっかい1万円複ころのスタートをこの馬から始めるのはどうか。パドックでぴかぴかなのである。2番人気の馬で、単勝は5倍程度だが、複は2倍つきそうなのだ。そこで、えいっと購入すると、先行して4コーナーで馬なりのまま先頭に躍り出るから、おお、百万でもよかったぞ。そのまま押し切って1着の複が210円。無事にスタートしたわけだが、この先がなかなか難しかった。買いたい馬はたくさんいるが、お前は本当にこの馬に1万突っ込めるのか、と問いかけると、途端に勇気はしぼんでいく。

たとえば新潟7R（4歳上500万下の直線1000m戦）の⑭サチノクイーン（3番人気）は複勝圏内が堅そうに思えるのだが、1万円ほどの自信はない。そうか、こういうときは1万円コースとは別に1000円コースをやればいいんだと気がついたので、この⑭の複を1000円。これが当たれば東京7Rの⑧セイウンコウセイ（4番人気）に転がそうと思った。こちらも1万円入れるほどの自信がないが、馬券は買いたいので1000円コースにふさわしい。すると新潟が2着でヒットしたのだが、その配当発表を待っていると間に合わないので、東京7Rの⑧の複に2000円。これも首尾よく2着して配当が190円。京都6Rの複勝的中分を新潟7R→東京7Rにそのまま転がしていると、8万円を超えていたことになるが、これも机上の空論だ。

その1万円コースで最後まで迷ったのが東京8R（4歳上500万下のダート1600m戦）の⑫キングリオ。単勝3・8倍の2番人気の馬だが、複勝は1・5倍。買ったときには2倍でも結果的に1・8倍になっていたというのはやむを得ないが、最初から2倍を切っている馬は買わないというのがマイルールである。しかし落ちている金を拾うようなものなのである。たった2分足らずで5割の配当がつくのだ。それでもお前は買わないのか。一度はマークカードを塗ったのだが、締め切り5分前に複オッズが130円というのを見て断念。するとその⑫、直線伸びずに6着。競馬はホントに難しい。

若者たちの声援に感心

穴場の上のモニターを見上げていたら、「9、勝て！」という声が聞こえてきた。そのときモニターに映っていたのは、1回新潟4日目の5R（3歳未勝利の芝2400m戦）で、その最後の直線で、外から⑨フォイヤーヴェルクが伸びて前の2頭に迫るところだった。「9、勝て！」「9、勝て！」「9、勝て！」と3回叫び、⑨フォイヤーヴェルクが前の2頭を差し切って1着でゴールすると、「9、勝ったあ！」と叫ぶのがおまけ。騎手の名前ではなく馬番を叫ぶ客を「馬番おやじ」と言うが、指定席エリアで遭遇するのは珍しい。指定席エリアに入る客なら普通は騎手の名前を叫ぶものだ。この⑨フォイヤーヴェルクの鞍上は石橋脩騎手なので、「イシバシ！」か「シュウ！」だろう。ずっと以前、石橋守騎手がまだ現役だったころ、「バシバシバシ！」という声援を関西で聞いたことがある。なかなかのツウだ。馬の名前を叫ぶ方法もあるが、「フォイヤーヴェルク」というのはいささか叫びづらいから、ここはやっぱり騎手の名前のほうがいい。人気馬の鞍上を叫ぶのはマナーとして控えたいが、５番人気で、単勝１１１０円の馬なら、連呼してもそう恥ずかしくない。

しかしこれはまだいいほうで、困ったなと思ったのは、新潟10Ｒわらび賞（３歳５００万下のダート１８００ｍ戦）だ。前のおやじが突然、「横山、来い！」と叫んだのである。どこにいるんだ横山。あわてて新聞を見ると、横山和が騎乗していたのは①ビレッジゴールド（７番人気）で、最後の直線では４番手。しかし問題は、誰が見ても前の３頭と同じ脚いろなのである。これではアメリカまで走っても前の３頭を抜けそうにない。叫ぶときには他馬との脚いろの差を見てほしいのだが、それを見ずにただ叫ぶのは、自分の願望通りになることを願っているにすぎない。これは「願望おやじ」と言う。心の中で思うのは自由だが、声に出してしまうと「それは絶対に無理だろ」と周囲の人に思われてしまうから避けたい。これも場外の客などには少なからずいるが、指定席エリアにもいるとは思わなかった。

これらに対して感心したのは横にいた若者たちだ。東京５Ｒ（３歳５００万下のダート１６００ｍ戦）の最後の直線で、「岩田あ！」と一人の若者が叫んだのである。岩田がそのレースで騎乗していたのは⑫クインズサターン（６番人気）で、そのときは３番手。１頭抜いて２番手に上がったが、まだ「よし！」とか「そのまま！」の声はかからない。前

2回東京6日　5R　3歳500万下

着順	予想	枠番	馬番	馬名	性齢	斤量	騎手	タイム	着差	通過順	上り	人気	単勝オッズ	体重増減	厩舎
1	▲	❽	⑬	ベストマッチョ	牡3	56	ボウマン	1.37.3		5 3 3	中37.3	①	2.9	494−14	北手塚貴
2	△	❼	⑫	クインズサターン	牡3	56	岩田康	1.37.3	鼻	⑨ 8 8	中36.9	⑥	17.6	470＋12	栗野中賢
3	◎	❹	⑤	スケールアップ	牡3	56	田辺裕	1.37.5	1¼	2 2 2	中37.7	④	7.6	488−10	北清水英
4	▲	❹	⑥	ドラゴンシュバリエ	牡3	56	福永祐	1.38.2	4	1 1 1	内38.8	③	4.0	502− 6	栗角田晃
5		❻	⑨	タニガワ	牡3	53	菊沢一	1.38.3	首	11 12 12	中36.8	⑩	68.9	462− 2	南小桧山悟
6		❼	⑪	パーソナルマキ	牡3	56	的場勇	1.39.0	4	14 14 14	外36.7	⑭	452.1	470− 4	北的場均
7	○	❺	⑧	アオイプリンス	牡3	56	Mデムー	1.39.0	首	⑪ 11 11	外38.2	②	3.9	510− 2	南古賀慎
8	△	❶	①	アースコレクション	牡3	56	蛯名正	1.39.1	½	7 7 5	中38.8	⑤	10.5	520＋ 6	南尾関知
9	△	❽	⑭	リアリスト	牡3	56	内田博	1.39.2	½	7 4 ⑤	中38.9	⑨	42.0	472−10	南相沢郁
10		❷	②	ミスユー	牝3	54	江田照	1.39.3	½	3 4 5	内39.0	⑫	133.6	442 0	北藤原辰
11		❸	③	アーバンスター	牡3	56	Tベリー	1.39.5	1¼	⑩ 8 8	内39.0	⑬	288.8	474− 6	南池上弘
12		❻	⑩	ペニーウェディング	牝3	54	吉田豊	1.39.7	1¼	3 4 4	中39.5	⑦	23.5	488＋ 2	北高橋文
13		❸	④	レッドエトワール	牝3	54	大野拓	1.40.3	4	5 8 8	中39.9	⑧	36.0	434−12	南久保田貴
14		❺	⑦	マサノシーザー	牡3	56	柴山雄	1.40.5	1¼	⑬ 13 14	内38.1	⑪	124.9	480− 2	北清水英

単⑬290円　複⑬160円　⑫270円　⑤200円　　ブリンカー＝⑫⑥⑭
馬連⑫—⑬2280円⑧　　枠連❼—❽1870円⑧
馬単⑬—⑫3150円⑬　３連複⑤⑫⑬5240円⑯
３連単⑬⑫⑤21380円㉟
ワイド⑫—⑬890円⑩　⑤—⑬600円⑥　⑤—⑫1280円⑬

にいるのは1番人気の⑬ベストマッチョで、そのままで決まっても馬連は2280円、ワイドは890円なのだが、「岩田あ！」「頭、いける！」と彼らは叫ぶのだ。その⑫クインズサターン、じりじりと⑬ベストマッチョに迫るが、ゴールがどんどん近づいてくる。「もうちょっと！」という声援には思わず笑いそうになったが（気持ちはわかるけど）、この若者たちがレースを正確に見ているなと感心したのは、ゴールの瞬間、みんなで「あああ！」と声を上げたことだ。その「あああ！」が、私には喜びの「あああ！」ではなく、失望の「あああ！」に聞こえた。いくらひいき目に見てもだめなときはだめで、すぐにそう判断したところにこの青年たちの頭の良さと正確さがある。2頭の争いは結局、写真判定に持ち込まれたが、岩田、届かなかったなと私には見えた。おそらく若者たちもそう判断したのではないか。結果はハナ差で⑬ベストマッチョが1着。岩田の⑫クインズサターンは2着。たとえハナ差でも、どちらが勝ったのかは写真判定を待つまでもなく、瞬間的にわかることが少なくないが、これもそういう好例だろう。あるいはどちらが勝ったのか判断できないので「よし！」とも言いがたく、「ああ！」と声を上げたのかもしれないが、それよりは彼らがレースを正確に見ていると解釈したい。

なかなか自分の馬券の話にならないが、ヒットしたのは東京3R（3歳未勝利の芝1800m戦）。2番人気の⑤アムネスティで堅い一戦だが、1番人気の⑮アズナヴァルも強そうだ。実はこの2頭だけディープ産駒。馬連⑤⑮にかぶってオッズは3倍ちょっと（最終的には410円）。いくら堅そうでもこんな配当の馬券は買えない。そこで3連複のオッズを調べると、⑤⑮2頭軸の①⑥⑦⑫は、25倍、19倍、29倍、66倍（これは20分前のオッズ）。これならおいしいと各1000円。さらにもしも⑮が届かなかったときのことを考えて（この馬は追い込み馬なので、この日の馬場を考えれば届かないこともありうる）、⑤1頭軸の①⑥⑦⑫に流す3連複、さらに⑤から⑦と⑫へのワイド。すると⑤アムネスティの圧勝で、2着はやっぱり強かった⑮アズナヴァル。ふーんと思っていたら外から⑦ヴォーグダンスが3着に差してきた。おかげで、3220円の3連複と、1300円のワイドが的中。3連複もいいじゃん、と認識を改めつつある昨今である。

どの馬券を買うか、それが問題だ

3回京都8日目のメイン、栗東S（4歳上オープンのダート1400m戦）の直線で⑫フィールザスマートが大外からぐんぐんぐんぐん伸びてきた。「カツハルカツハル」「勝春KATUHALUかつはる！」「差せ差せ差せ差せ」。モニターの画面に向かって思い切り叫んだ。なにしろ9番人気の馬だから見栄えがする。私が叫んだときには⑫フィールザスマートは外の10番手くらいの位置であったから、「どこにいるんだ？　カツハルなんて」と、私の叫び声を耳にした人は思ったであろう。中には「このレースに出てるのかよ」と思った人もいたかもしれない。手元の新聞には、△がふたつ付いているだけなのである。

しかしこの⑫フィールザスマート、これまで2回ほど内田博騎手に鞍上を譲ったことはあるが、あとはずっと田中勝騎手が乗っているのだ。いわばお手馬と言っていい。しかもこの日は東京でGⅠのヴィクトリアマイルがある日なのだ。そういう日に京都まで乗りに行っているのである。他には2Rの未勝利戦に乗っているだけ。ほとんどこの馬のために

3回京都8日　11R　栗東S

着順	予想	枠番	馬番	馬名	性齢	斤量	騎手	タイム	着差	通過順	上り	人気	単勝オッズ	体重増減	厩舎
1	◎	❶	②	キングズガード	牡5	55	藤岡佑	1.23.4		12 11 9	中35.1	①	2.5	450+6	栗東田中章
2	△	❹	⑦	ポメグラネイト	牡5	54	松山弘	1.23.8	2½	2 2 2	中36.3	②	6.7	580 0	栗東長浜博
3	▲	❻	⑫	フィールザスマート	牡5	55	田中勝	1.23.9	½	12 11 12	中35.5	⑨	19.4	506 0	北新開幸
4	○	❼	⑭	マルカフリート	牡10	57.5	酒井学	1.24.1	1¼	16 16 14	外35.3	⑩	26.5	494−4	栗東浜田多
5		❹	⑧	キョウワダッフィー	牡8	57	竹之下智	1.24.1	首	4 4 4	中36.3	⑤	13.5	464−2	栗東笹田和
6		❽	⑯	ウォータールルド	牡8	56	北村友	1.24.1	鼻	8 10 9	中35.9	⑫	35.0	502+8	栗東岡田稲
7	△	❺	⑩	テーオーヘリオス	牡4	54	古川吉	1.24.1	頭	3 3 2	中36.4	④	7.7	496−6	栗東梅田智
8	△	❷	③	カフジテイク	牡4	55	幸　英	1.24.2	首	⑭ 13 12	中35.6	③	7.1	484 0	栗東湯窪幸
9	△	❺	⑨	タイセイファントム	牡8	56	デュプレ	1.24.3	½	7 4 4	外36.5	⑧	18.5	462 0	栗東矢作芳
10	△	❼	⑬	サクラエール	牡5	55	松田大	1.24.3	首	⑭ 16 14	中35.5	⑦	17.9	478+2	栗東羽月友
11		❶	①	キョウエイアシュラ	牡9	56	鮫島駿	1.24.4	首	8 7 6	中36.4	⑮	89.1	470+4	栗東森田直
12		❸	⑤	エイシンローリン	牝5	52	和田竜	1.24.6	1¼	1 1 1	内37.2	⑥	17.0	460+10	栗東松永昌
13		❽	⑮	ガンジス	牡7	56	Tベリー	1.24.6	首	10 7 6	中36.5	⑬	44.5	516+2	栗東大久保龍
14		❻	⑪	フミノファルコン	牡6	53	小崎綾	1.24.6	鼻	10 13 16	外35.8	⑭	78.6	546−2	栗東目野哲
15		❷	④	ダンツキャンサー	牝5	51	高倉稜	1.25.2	3½	4 7 9	内37.1	⑪	32.3	480 0	栗東谷　潔
16		❸	⑥	クリノヒマラヤオー	牡6	54	太宰啓	1.25.3	首	6 4 6	内37.5	⑯	153.6	492+2	栗東荒川義

単②250円　複②130円　⑦190円　⑫410円
馬連②―⑦970円②　　枠連❶―❹560円①
馬単②―⑦1370円②　３連複②⑦⑫6360円⑰
３連単②⑦⑫21430円㊸
ワイド②―⑦420円②　②―⑫1110円⑩　⑦―⑫1920円㉕

西下したと言っても過言ではない。そこでこの馬を軸に３連複をわんさか買ったのだが、その穴馬がいま、ぐんぐんぐんぐん伸びてきているのだ。その⑫フィールザスマートが大混戦の３着争いを制して大外から３番手に上がったところがゴール。「よし！」と叫んだ瞬間、いやな予感がした。その時点で１～２着入線の②キングズガード、⑦ポメグラネイトが１～２番人気なのである。これは買ってないかも。急いで調べてみると、おお、やっぱり買ってない。

　ちなみにこの３連複の配当は６３６０円。レースによって違うのだが、このレースでは１００倍以下をカットしていた。９番人気の穴馬を軸にするんだから、もっと大きな配当が望ましい。私、そう考えるタチなのである。買い目を表示してから１００倍以下をどんどんカットしていくのは、タブレット投票だから簡単にできる。で、残った１００倍以上の目のレートを上げたりするのだ。だから当たればおいしいが、今回のように抜けることもよくある。どちらがいいのかはわからないが、こう決めたんだから仕方がない。レースが終わってから考えると、1番人気と2番人気にワイドを2点買えば、1110円と1920円。それを各3000円買えば、配当総額は約9万。いいじゃないかそれで。410円もついた複勝すら買ってないから、せっかく穴馬が3着に飛び込んでも1円にもならないのはすごく哀しい。メインレースで410円の複勝だけを6000円買うような大人に私も早くなりたいが(その場合の配当総額は2万4000円。これでもいいような気がしないでもない)、午前中なら複勝のみ購入というのもできるけど、メインや最終でそれはできない。まだまだ助平心いっぱいなのである。

この日の複勝ころがし候補の一発目は、京都2Rの⑪リリーシューター。これが当たれば、次に東京2Rの②メイショウトビザルに転がしたいのだが、残念なことにこれが難しい。なぜなら、前者が10時25分発走で、後者がその10分後の発走だからだ。京都2Rの配当の発表を待っていては間に合わない。そこで一発目をどちらにするのか、先に決めなければならない。前者は9番人気で鞍上は松田大、後者は6番人気で鞍上は武豊。ええい、どっちだ。迷った末に一発目は東京2Rにした。京都2Rは複勝1000円と、1番人気⑩メイショウカマクラとのワイド1000円を購入し、東京2Rは②メイショウトビザルの複に３０００円。すると、どちらもヒットするから、嬉しいんだけど複雑な気持ち。というのは、⑪リリーシューターの複勝が９１０円もついたのである。おお、３０００円入れるならこちらだったか。１７５０円のワイドまで当たっちゃって、朝からどうなってるの。東京２Rは逃げた②メイショウトビザルが２着に粘って、４５０円の複勝が的中。１着の①サトノスピードオー（２番人気）との馬連が３２８０円、ワイドでも１２４０円ついたから、こっちもせめてワイドを買えばよかった。どうして買わないかなあ。もしも転がしができていたら、京都２Rで２万７０００円になり、東京２Rで12万を超えていたことになるが、これは絵に描いた餅。とにかくこれでＷＩＮ５の資金ができたのでこの日の複ころは終了。

この日いちばんの痛恨は、東京８Ｒ（４歳上５００万下の芝１４００ｍ戦）。返し馬で９番人気の⑧ベラフォレスタがぴかぴかだったのだ。しかしこの日の返し馬診断は悲惨だったので（詳細は割愛）無視すると、なんとこの馬が逃げ切り。新聞に△が二つしかない馬だったので単勝が50～60倍もしたらイヤだなあと思ったら、単勝２０００円、複勝７３０円。それくらいなら許容範囲だ。頑張れ馬券を１０００円買えば、実際の投資は２０００円で、配当総額は２万７３００円。これでいいではないか。どうして買わないんだ？

2列目を重視せよ

３回京都10日目の10Ｒ鳳雛Ｓ（３歳オープンのダート１８００ｍ戦）を、４番人気の③キョウエイギアが勝った瞬間、イヤな予感がした。やっぱりこの馬の１頭指名でよかったのだ。なんだか取り返しのつかないことをしたような気がする。実は先週日曜のＷＩＮ５は買わなかった。東京２Ｒの②メイショウトビザルの複（４５０円）を３０００円仕留めて資金ができたにもかかわらず購入しなかったのは、先週のＷＩＮ５は難しくとても１００点で当てる自信がなかったからだ。そのメイショウトビザルの複勝配当（1万３５００円）が丸々残っているので、今週のＷＩＮ５は２３０点くらいは買ってもいいと決めていた。これがまず最初の伏線。最後まで迷ったのは１頭指名のレースをどこにするかで、候補は京都10Ｒ鳳雛Ｓと、京都11Ｒ伊勢志摩サミット２０１６開催記念、そして東京11Ｒのオークス、この３つだった。指名馬は順に、③キョウエイギア、⑩ウェスタールンド、③シンハライト。いくら２３０点買ってもいいとはいっても、どこかに１頭指名のレースをつくらないと、残りが窮屈になる。レースが終わってから考えると、1頭指名のレースはオークスの③シンハライトでいいじゃん、との気がするが、レース前にはそう思えなかったのである。

まず最初に、1頭指名のレース選択からオークスが脱落。残りは京都の10Rと11Rだ。さあ、どっちだ。ちなみにこの2つ、1頭指名にしない場合の選択も検討ずみで、京都10Rは③以外に⑤ポッドクヒオ、⑨クリノリトミシュル、⑩マインシャッツの3頭。つまり1～4番人気の4頭である。京都11Rは⑩以外に、②タイセイアプローズ（1番人気）、⑥プロレタリアト（3番人気）、⑦グランアルマダ（6番人気）の3頭だ。東京10Rのフリーウェイ Sは7頭指名で、新潟11Rの韋駄天Sは4頭指名、オークスは2頭指名。つまり、京都はどちらかを1頭指名にすると、残りは4頭指名になるので、1頭、4頭、4頭、7頭、2頭で、合計で224点。今週の予算にぴったりだ。で、結局、1頭指名は京都11Rにして、208万の配当がするりと逃げてしまった。1頭指名を京都10Rにしておけば、4番人気の③キョウエイギアが勝って無事通過。京都11Rも4頭指名にしたおかげでリーチがかかり、オークスではらはらどきどきしながら200万ゲット、という展開になっていたのである。

私が反省するのは、中途半端な買い方をしたことだ。東京10Rフリーウェイ Sは7頭指名しているところから明らかなように、荒れるならここだと考えていた。それなのに7頭

2回東京9日　10R　是政特別

着順	予想	枠番	馬番	馬名	性齢	斤量	騎手	タイム	着差	通過順	上り	人気	単勝オッズ	体重増減	厩舎
1		❺	⑩	ヘルツフロイント	牡5	57	Tベリー	2.11.9		2 2 2	中36.6	⑫	47.4	480－8	南古賀慎
2		❸	⑤	ステージジャンプ	牡6	57	大野拓	2.12.1	1¼	1 1 1	内36.9	⑨	18.2	508＋2	北岩戸孝
3		❸	⑥	バイオンディップス	牡4	57	田中勝	2.12.5	2½	5 3 3	中36.4	⑪	41.8	510－10	南小島茂
4	◎	❷	③	パッショネイトラン	牡4	57	吉田豊	2.12.6	¾	9 7 6	内36.1	①	4.2	532　0	南尾形和
5		❻	⑪	リゼコーフィー	牡5	57	横山典	2.12.8	1	3 4 4	中36.5	⑤	9.8	476－4	栗森　秀
6	△	❼	⑭	トーセンアーネスト	牡4	57	菅原一	2.12.9	¾	5 5 6	中36.4	⑧	17.3	520＋2	南中川公
7		❽	⑮	タンジブル	牡4	57	柴田大	2.13.0	½	16 16 16	外35.6	⑩	28.0	500＋2	南黒岩陽
8	△	❹	⑧	ショウナンバローネ	牡4	57	石川裕	2.13.2	1¼	3 5 4	中36.9	⑥	10.0	486－14	栗高野友
9	▲	❼	⑬	スマートラファエル	牡7	57	福永祐	2.13.5	1¾	7 7 9	外36.8	③	5.5	466－14	栗松田国
10	○	❷	④	ガヤルド	牡5	57	内田博	2.13.5	首	13 14 13	中36.3	⑦	14.4	464＋4	北高橋文
11		❻	⑫	ダノンミシガン	牡5	57	蛯名正	2.13.6	½	11 10 10	内36.7	⑭	96.3	488－6	南久保田貴
12		❺	⑨	ヤンキーソヴリン	騸6	57	的場勇	2.13.8	1½	15 16 16	中36.5	⑮	220.1	500－2	南大江原哲
13	▲	❽	⑯	トウカイトレジャー	牡4	57	戸崎圭	2.14.0	1½	10 10 10	外37.1	②	5.4	502－6	栗野中賢
14		❶	②	ゲルマンシチー	牡8	57	江田照	2.14.4	2½	12 12 12	外37.4	⑬	58.9	474－4	南池上弘
15		❹	⑦	ルアノヴァ	牝5	55	柴田善	2.15.0	3½	13 12 13	内37.9	⑯	353.0	422－4	栗鮫島一
16	△	❶	①	オトメチャン	牝4	55	三浦皇	2.15.4	2½	7 7 6	内38.8	④	6.6	506＋4	北高柳瑞

単⑩4740円　複⑩1270円　⑤480円　⑥1180円　ブリンカー＝⑥⑮
馬連⑤―⑩37130円⑦⑦　枠連❸―❺13000円㉙
馬単⑩―⑤76140円151　３連複⑤⑥⑩342600円373
３連単⑩⑤⑥2574070円2287
ワイド⑤―⑩7500円㉒　⑥―⑩15390円㊽　⑤―⑥5290円㊹

指名の内訳を見ると、そのうちの5頭は1～5番人気の5頭なのだ。いつもの私の買い方ではない。結局は1頭指名にしてしまった京都11Rの幻の4頭指名の中に、6番人気の勝ち馬である⑦グランアルマダが入っているのも、通常のパターンではない。ようするに今週は、普通に予想してしまったのである。これは私の買い方ではない。少なくても東京10Rで1～3番人気の3頭は切るべきだ。本来は1頭指名のレースを間違えたことをまず反省すべきなのだが、こういうことはこれからもあるだろうから、珍しいことではない。それよりも購入パターンは変えないこと。ようするに、WIN5のフォームだ。これを一定にすること。これを猛省するのである。

今週の痛恨はもう一つ。その前日の東京10R是政特別（4歳上1000万下のダート2100m戦）だ。以前も書いたが、東京ダート2100mは内枠の逃げ馬あるいは先行馬を狙うのが私の馬券作戦の鉄則で、ここの軸馬は④ガヤルド（7番人気）。この馬を1列目に置き、2列目には②ゲルマンシチー（13番人気だが、4走前には同コースの同クラス戦で2着。このときは逃げなかったんだけど、内枠を引いたのだから今回は逃げの手もあるかと思った）、⑤ステージジャンプ（9番人気だが、前走は同コースで4着）、⑩ヘルツフロイント（12番人気の馬だが、このクラスの常連でこの日は返し馬がぴかぴかだった）の3頭を置き、3列目は3頭を除いてほぼ総流しに近い3連複で勝負した。

軸馬の④ガヤルドが逃げず、先行もしなかった時点で、あやや、だめだと諦めた。そうか、先に行かないのか。レースは⑤ステージジャンプが逃げ、⑩ヘルツフロイントが2番手。この2頭の順序が入れ替わっただけでフィニッシュし、3着も3番手にいた⑥バイオンディップス（11番人気）。3連単が257万になった波瀾のレースで、その3連単は逆立ちしても取れないが、2列目に置いた3頭の馬連ボックスを買っておけば、370倍の馬連が当たっていた。ワイドでも7500円だ。返し馬を信じれば⑩ヘルツフロイントの単（4740円）だって簡単にゲットできた。それなのに1円にもならないとは残酷だ。1列目がダメなこともあるのだから、そういう事態に備えて2列目を重視せよ。今週はそう反省するのである。

軽視するとくる！

2回東京11日目の1R。牝馬限定の3歳未勝利ダート1600m戦だが、私の本命は⑯クインズエリカ（4番人気）。ここが2戦目の馬だが、前走の未勝利戦は芝2000m戦で出遅れて10着。ダートに替わった一戦だ。ハーツクライ産駒は意外に初ダートで激走するし、この馬の近親にはダートで走った馬が多い。鞍上がルメールでなければもう少し人気は下かもしれないが、4番人気ならまだ美味しい。戸崎騎乗の⑥ゼロカラノキセキが単勝1・4倍（最終的には1・5倍）のダントツ人気なので、この馬と2頭軸の3連複流しが本線。たとえば2番人気の⑮ブライトガーランドに流しても、3連複の⑥⑮⑯は25倍つくのだ。相手を5頭選んで各1000円で合計5000円。1Rなのでこれくらいにしようかとも思ったが、待てよ、⑥ゼロカラノキセキが飛んだら、⑯クインズエリカの複勝が7倍はつくかもしれないと一瞬、ヘンなことが頭をよぎったのでこの馬の複勝を3000円。最近は控えめなので、朝一からこんなに入れるのは久々だ。

2回東京11日　1R　3歳未勝利

着順	予想	枠番	馬番	馬名	性齢	斤量	騎手	タイム	着差	通過順	上り	人気	単勝オッズ	体重増減	厩舎
1		❹	⑦	タイキマロン	牝3	51	木幡初	1.38.6		1-1-1	内37.8	⑧	51.9	450+2	(北)伊藤圭
2	▲	❽	⑯	クインズエリカ	牝3	54	ルメール	1.38.6	首	1-2-2	中37.8	④	10.3	478 0	(北)加藤征
3	○	❽	⑮	ブライトガーランド	牝3	54	田辺裕	1.38.7	首	6-3-3	中37.7	②	4.2	480+4	(南)矢野英
4	◎	❸	⑥	ゼロカラノキセキ	牝3	54	戸崎圭	1.38.7	鼻	6-7-7	外37.2	①	1.5	480-2	(南)尾関知
5	△	❻	⑫	ボーナスチャンス	牝3	54	丸田恭	1.38.9	1½	4-5-4	外37.8	⑤	33.8	488 0	(北)小笠倫
6	▲	❻	⑪	ライラックチャーム	牝3	54	柴田大	1.39.5	3½	4-5-6	中38.2	③	9.6	498-2	(南)浅野洋
7	△	❼	⑬	プルシアロワイヤル	牝3	54	横山和	1.39.8	2	9-9-8	外38.1	⑥	35.8	438+8	(南)小野次
8		❶	②	ブリリアントタイム	牝3	54	柴田善	1.39.9	首	⑭-16-15	内37.3	⑬	246.2	426-6	(北)田中清
9		❸	⑤	アイヅナヨタケ	牝3	54	大野拓	1.40.2	1¾	10-10-12	内38.1	⑭	293.7	466-2	(南)佐藤吉
10	△	❷	③	ヘラルドスクエア	牝3	51	木幡巧	1.40.3	½	6-7-10	内38.4	⑦	42.1	404+8	(北)手塚貴
11		❼	⑭	ノーブルブラック	牝3	54	勝浦正	1.40.4	首	12-12-10	外38.5	⑨	55.1	438+12	(北)水野貴
12		❹	⑧	ルーナディア	牝3	52	長岡禎	1.40.5	¾	3-3-4	内39.4	⑩	72.6	510 0	(南)大竹正
13		❺	⑨	ダンシングヒロイン	牝3	54	柴山雄	1.41.0	3	⑬-12-13	中38.7	⑫	148.2	430-4	(南)古賀慎
14		❺	⑩	タカラブネクイーン	牝3	54	吉田隼	1.41.0	鼻	⑩-10-8	中39.2	⑮	358.9	446+14	(南)堀井雅
15		❶	①	タマモアマグリ	牝3	51	菊沢一	1.41.4	2½	⑯-16-13	中39.1	⑪	107.0	440-4	(北)伊藤圭
16		❷	④	スリーパール	牝3	52	井上敏	1.43.5	大	⑭-16-16	中40.7	⑯	396.7	448+8	(北)柄崎孝

単⑦5190円　複⑦2840円　⑯890円　⑮340円　ブリンカー＝⑧⑩④
馬連⑦―⑯37050円㊲　枠連❹―❽5280円⑫
馬単⑦―⑯94240円㉛　３連複⑦⑮⑯28090円㊻
３連単⑦⑯⑮333710円410
ワイド⑦―⑯8980円㊶　⑦―⑮2840円㉑　⑮―⑯600円⑤

すると、8番人気の⑦タイキマロンがポンとハナを取り、今回は出遅れなかった⑯クインズエリカが2番手。まずはよろしい。レースは淡々と進み、そのままの態勢で先行2騎が4コーナーを回っていく。気のせいか、⑯クインズエリカの脚いろにはまだ余裕がある。ゴールまで400mではまだ叫ぶに早い。じっと我慢して、200m前で叫んだ。「ルメールルメール」。超人気薄というわけではないので、連呼はこれだけ。そこに⑮ブライトガーランド、そしてその外から⑥ゼロカラノキセキが差してきたが、これは3着争い。ということは、たとえ⑥ゼロカラノキセキが3着に差しても、3連複の相手に⑦タイキマロンは買ってないから、馬券は外れ。ならば、⑮ブライトガーランドが3着で、⑥ゼロカラノキセキが4着のほうが、⑯クインズエリカの複勝が跳ね上がるだろう。そこで「田辺田辺田辺」と3着争いの⑮ブライトガーランドを応援すると、この馬が3着を死守してフィニッシュ。結局逃げた⑦タイキマロンが1着で、番手先行の⑯クインズエリカが2着。行ったままの決着だったが、新聞に目を落として愕然。なんとなんと、⑦タイキマロンのところに、返し馬が素軽かった馬につける赤ペンのチェックがある！　途端に思い出した。⑦タイキマロンの動きが素軽かったのだが、鞍上が木幡初51キロなので、「新人かあ」と軽視してしまったのである。南関東出身の騎手と新人は強い返し馬をやるケースが多いので参考にならないのだ。だからこのときも、ふーんとスルー。馬連⑦⑯は370倍。ワイドでも8980円。もしも返し馬診断を信じれば、この馬連とワイドは簡単にゲットできているし、3着が2番人気の⑮ブライトガーランドだったから、超強気に攻めていれば、280倍の3連複も、33万の3連単も楽勝だった。いったい幾らになったんだ？　⑯クインズエリカの複勝は890円とついたが、それを考えるとあまり嬉しくない。

しかし馬券は外れても返し馬診断が当たったということだから、こういう日は先が楽しみ。案の定、大外の⑯ダノンサーガの返し馬が超ぴかぴかだった3Rの未勝利戦（またもダート1600m戦）で、この馬の複勝に3000円入れると、2着を死守してその配当が250円。上位人気馬の返し馬が素軽いと、ほぼ人気通りに走るというのは鉄則だが、ここはその見本のようなレースだった。1Rも3Rも、返し馬が素軽かった馬が激走したとなると期待はどんどん膨らんでくる。だから、6R（3歳500万下の芝1800m戦）で7番人気の②ドンチャブの、超ぴかぴかの返し馬を見た途端、「ここだ」と思った。ここででっかい穴馬券が的中するのだ。そうに違いないと、この馬の単複にどかんと投入し、さらに馬連に3連複に3連単、もう止まりません。この馬、何着だったと思いますか。中途半端な5着。ふーん。

これで深く傷つくと、神様はもっと残酷なドラマを用意していた。次の7R（4歳上500万下のダート1400m戦）で2番人気の⑦ナンヨーアイリッドを軸に馬連を数点買うと、その軸馬が痛恨の出遅れ。あとはぼんやりレースを見ているだけだったが、着順を新聞に書き入れる段になって驚愕。1着が6番人気の⑭フィラーレ、3着が9番人気の⑩ダイチヴュルデで、「1」と「3」を新聞に書き入れて視線をツーッと上に上げると、おお、その2頭に返し馬チェックが付いていた！　直前の6Rでコケたばかりだったので、返し馬チェックを無視してしまったのだが、ワイド⑩⑭は2600円。1000円でもいいから捨てたつもりで買っておけ。この日の返し馬の激走はここまでで、このあと、8Rと10Rの返し馬でみつけた10番人気と4番人気の馬にどかんどかん突っ込むと9着と11着。もうダメだあ。

第二章　３連複１点買いの秘密

そのままそのまま！

オサムは1ヵ月ほど前から馬券の買い方を変えたという。ワイド専門にしたというのだ。基本は、軸馬からのワイド3点。単位は1000円。メインと最終はそれが各3000円になる。軸馬の選び方は、血統、騎手など、コース複勝率のいいものから選ぶので、結局は上位人気馬になるようだが、1～3番人気の中からどの馬を選択するのかは、センスが問われる。それほど簡単なわけではない。さらに7～8倍から10倍前後になるようなヒモ馬もうまく選ばなければならないから（時には30～40倍のワイドを狙ったりもする）、思っているよりも難しい。それでも以前の単勝専門よりも当たりやすくなったことは事実で、この1ヵ月の馬券成績は好調のようだ。福岡から前日に上京し、早朝から出撃した安田記念の日は16レース購入して6本ゲット。ゴール前の「ありがとう！」というオサム独特の叫びが何度も炸裂した。この青年は、そのままの態勢のまま決着すると自分の馬券が当たる、というケースで必ず、「ありがとう！」と声をかけるのである。以前は、騎手の名前を言ったあとに「ありがとう！」と言っていたが（たとえば、哲三ありがとう！　と言うのだ）、最近は騎手の名前は省略。叫び方は人それぞれだ。

その安田記念の日の話だが、東京4R（3歳未勝利の芝2400m戦）の検討をしていたら、「ベリーとデムーロで10倍もつくんですよ」と横でオサムが言う。えっ、本当かよ。ベリーが騎乗していたのは⑤グランドバローズ、デムーロが騎乗していたのは①シュティルヴァルトだ。実はこの日、朝からWi-Fiがつながらず、悪戦苦闘していた。GⅠ当日はメインが近づくにしたがってつながりづらくなるものだが（それは慣れているので驚かない）、この日は朝からだめなのである。つながったと思ったらすぐに切れて、その繰り返し。だからPAT投票は早々に諦めて現金で馬券を買っていた。そのために、細かなオッズがわからない。⑤グランドバローズも①シュティルヴァルトも、そこそこ印がついているので、それなのにワイド10倍かよと驚いたわけである。ほかに印を集めているのは、②マイネルビッグバン、⑨アスコットチャンプ、⑱ツボミ。正確に調べたわけではないが、たぶんこの5頭が1～5番人気だろう。その中でオサムが⑤グランドバローズを軸にしたのは、堀厩舎の馬だったからだ。あとで調べてみると最終的にこの馬が1番人気になっていたが、前2走が5着5着との成績だったのに1番人気になったのは、やっぱり堀人気か。オサムが相手1番手に①シュティルヴァルトを選んだのは、東京芝2400mの1番枠ということと、鞍上がデムーロだったから。それでワイドのオッズを見たら10倍もついていたので、思わず呟いたわけである。おお、それならおれも乗ろう。ワイド①⑤に３０００円、⑤から馬連を各１０００円で3点、合計６０００円を入れてみた。するとこれが決まるのである。

道中は①も⑤も最後方にいて、おいおい大丈夫かよと疑ってしまったが、ゴールまでにはきっちりと差してきた。１着は⑨アスコットチャンプ、２着は⑤グランドバローズ、３着は①シュティルヴァルトで、ワイド①⑤は７５０円まで下がっていたが（馬連⑤⑨も私はゲットしたのだが、こちらも私が買ったときには21倍あったのに最終的には１８４０円になっていた）、それでも合計で4万超え。おお、競馬は楽しい。

しかし、もっと楽しかったのは阪神最終レースだ。５００万下の牝馬限定のダート１４００ｍ戦だが、最初はケンするつもりだった。特に狙いの馬がいるわけではない。だが、待てよと思い返したのは、⑯ワンダーサジェスのところに「戸崎」の名前を見たからである。この日、戸崎騎手は東京でＧＩがあるにもかかわらず、阪神で騎乗。日曜は8鞍に乗り、1着と2着を各1回。無難な1日だったとも言えるけれど、５Ｒでは1番人気5着、７Ｒでは2番人気5着、11Ｒでは1番人気7着と、人気を裏切っていた。戸崎がこのまま帰るだろうか。意地の一発が欲しいところだ。よし、この馬から馬単を買おう、と決めたらあ

3回阪神2日　12R　3歳上500万下

着順	予想	枠番	馬番	馬名	性齢	斤量	騎手	タイム	着差	通過順	上り	人気	単勝オッズ	体重増減	厩舎
1	▲	❽	⑯	ワンダーサジェス	牝3	52	戸崎圭	1.22.6		3 3 3中	35.6	③	4.9	476 0	栗東石橋守
2		❼	⑬	グルーヴァー	牝5	52	荻野極	1.23.1	3	2 2 1中	36.2	⑭	103.0	502+10	栗東笹田和
3	△	❺	⑨	メジャーガラメキ	牝4	55	浜中俊	1.23.5	2½	4 4 4中	36.3	④	6.0	482+10	栗東小崎憲
4		❻	⑪	スターペスユウコ	牝5	53	加藤祥	1.23.5	頭	13 12 12外	35.7	⑦	23.4	450−12	栗東石橋守
5	△	❸	⑤	ヒデノヒロイン	牝5	55	幸　英	1.23.5	鼻	7 7 8中	36.1	⑧	28.5	438− 2	栗東佐藤正
6	△	❼	⑭	テイエムリヴィエラ	牝5	55	池添謙	1.23.5	鼻	8 7 5外	36.0	⑤	9.1	468+ 6	栗東浜田多
7		❹	⑦	パセンジャーシップ	牝4	55	和田竜	1.23.7	1¼	1 1 2内	36.9	⑨	31.6	494+ 4	栗東清水久
8	△	❺	⑩	テイエムジョウネツ	牝4	55	竹之下智	1.23.7	首	16 16 16外	35.5	⑫	89.1	418+ 2	栗東木原一
9		❸	⑥	ガラドリエル	牝4	54	小崎綾	1.23.8	½	11 12 16中	35.8	⑬	89.4	488 0	栗東高橋忠
10		❹	⑧	ロイヤルクルーズ	牝3	49	坂井瑠	1.23.8	鼻	11 9 11中	36.2	⑪	74.1	440+ 6	栗東坂口則
11	△	❶	①	ネオヴァシュラン	牝4	55	松若風	1.24.0	1¼	14 14 12中	36.2	②	4.3	504− 4	栗東須貝尚
12	○	❷	③	リヴァイバル	牝3	52	菱田裕	1.24.0	鼻	8 9 8内	36.6	①	3.9	488+ 4	栗東岡田稲
13	◎	❽	⑮	エレメンツ	牝3	52	酒井学	1.24.2	1	8 9 8外	36.6	⑥	9.2	502− 6	栗東西園正
14		❻	⑫	サンマルメジャール	牝4	52	三津谷隼	1.24.4	1	6 4 5中	37.2	⑯	378.8	464+ 6	栗東山内研
15		❶	②	コウエイテンペスタ	牝5	55	国分優	1.24.8	2½	4 4 5内	37.7	⑮	241.9	506+ 2	栗東湯窪幸
16		❷	④	ビーチパラソル	牝4	55	松山弘	1.25.3	3	15 15 14外	37.3	⑩	41.8	470−11	栗東加用正

単⑯490円　複⑯220円　⑬1910円　⑨230円　　ブリンカー＝⑨⑭
馬連⑬―⑯17600円㊺　　枠連❼―❽1440円⑥
馬単⑯―⑬23210円㊷　３連複⑨⑬⑯27470円㊽
３連単⑯⑬⑨158240円525
ワイド⑬―⑯5400円㊳　⑨―⑯670円⑤　⑨―⑬6870円61

とは早かった。

急いでオッズを表示しているモニターを見にいき、新聞に印がいっぱいついている①ネオヴァシュラン（最終的には2番人気だった）が2着の馬単オッズを確認すると40倍。それだけつけばいいや、と他のオッズは確認せずに、相手をパッパッパッと8頭選んで馬単流し。その中に⑬グルーヴァー（14番人気）を入れたのは、この馬がシゲ坊の「爆弾ホース」だったから。

⑯ワンダーサジェスが好位から伸びてきて先頭に躍り出たゴール前、なんだ2番手は？と思ってみるとそこにいたのは、なんと⑬グルーヴァー。おお、お前でいい！　そのままそのまま！　モニターに向かって叫ぶと、そのままの態勢で決着。3〜5着は買ってなかったので実にきわどいゲットだった。その馬単が2万3210円。競馬は楽しいぞ。

たくさん買うと、たくさん負ける！

３回東京４日目は、返し馬で素軽い動きを見せた馬が次々に激走した。こういう日も珍しい。というよりも、指定席に入って返し馬を見るようになってもう20年になるが、ここまで激走した日は初めてである。普通、返し馬で素軽い動きを見せた馬が激走するといっても、１頭か２頭にすぎない。あとは不発で終わることが多い。ところがこの日は、１Rの⑮アキノバレリーナ（８番人気で１着）、２Rの⑦リーガルオフィス（５番人気で３着）、３Rの③トーホウデサント（６番人気で１着）、４Rの⑭アラカント（８番人気で３着）と、朝から４連続。こんなの、見たことがない。史上初、である。それでは大儲けしただろコノヤロ、と思われるかもしれないが、私が仕留めたのは２Rの複勝２７０円と、４Rのワイド１９８０円だけ。１Rと３Rの単勝２コ、つまり５５４０円と２８３０円を仕留めれば話も違っていたかもしれないが、後悔先に立たず、この２頭は買わなかったのである。なぜ１Rの⑮アキノバレリーナと３Rの③トーホウデサントを買わなかったのかという話を始めると、それなりの事情があるので長くなりすぎる。まあ、とにかく朝から4連続で、返し馬で素軽い動きを見せた馬が次々に激走した、と思ってください。問題は、5Rと6Rの新馬戦の次、午後の7Rである。

3歳上500万下のダート1400m戦だが、この返し馬で目に飛び込んできたのが③ワンダースパイア、⑩ラーリオ、⑪ギンゴーの3頭。③は単勝400倍を超えるダントツ最下位人気の馬で、こういう馬がきたことはないから問題外。となると、残るは⑩と⑪。前者は5番人気、後者は9番人気。単勝15倍と32倍。ええい、後者だと⑪の単勝に1000円、複勝に3000円（5～8倍）、さらに1番人気の3歳馬、⑦ストロボフラッシュとの馬連（66倍）を1000円、ワイド（15倍）を3000円、合計8000円を突っ込んだ。すると、この⑪ギンゴーがぽんとハナを取って逃げたから胸キュン。直後につけたのが1番人気の⑦ストロボフラッシュ。おお、このままの態勢で決まれば、単複、馬連ワイドと全部当たって、幾らになるんだと妄想が広がっていく。このまま逃げ切らないかなあ。しかし2頭の後ろにつけていた3歳馬の⑮サトノスピードオー（4番人気）が直線を向くと早々と先頭に躍り出る。これで逃げ切りの夢はあっけなく終了。さらに⑦が⑪をかわしていく。しかも4歳降級馬の⑥オメガハイヌーンが、その⑦を外からかわして2番手に上がっていく。つまり私の⑪と、馬連ワイドの相手である⑦の3着争いである。もうこうなったら複勝だけでいい。せめて3着になってくれ、との願いもむなしく、⑪はクビ差遅れて4着。これがどこにもこないのならまだ諦められる。ところが夢を見せて、微差の4着とは残酷だ。

これがこの日の分岐点だった。もしも7Rで⑪が3着になっていたら、こんなことにはならなかったと思う。3着では複勝しか当たらず、大儲けするわけではないけれど、元金は回収できたはずで、そうしたらこんなに熱いことにはならなかったような気がする。自分でもその後の展開が信じられないのだが、どうしてあんなにバカなことをしたんだろうか。というのは、阪神8Rのパドック中継を見ているうちに、⑧エイシンダーラの複勝に1万突っ込みたくなってきたのだ。7番人気の馬で、単勝17倍、複勝4~6倍。パドックで特別良く見えたわけではないのに、むずむずしてきて止められなかった。ちなみに当欄でずいぶん前に1万複勝ころがしをご報告したが、あれはとっくの昔になくなっている。で、この馬の複に1万。さらにパドックで良く見えた⑱ウインベントゥーラ（10番人気）の単勝（27倍強）1000円と、ワイド⑧⑱（76倍）を1000円。⑧エイシンダーラが5着、⑱ウインベントゥーラが12着に負けたことはいい。最大の問題は、これで止まらなくなったことだ。

次の東京9R小金井特別。⑯エイシンバランサー（1番人気）と、⑪カネノイイロ（7番人気）

の馬連20倍（最終的には18倍に下がっていた）に5000円、ワイド（8倍）に1万。さらに、⑪と⑯を1～2着に置き、3着欄に7頭置いた3連単を各500円。合計2万2000円を入れるのである。どうしちゃったの、オレ。もう手を止められないのだ。強い確信をもって買うならいいのだが、私の場合、深い意味はないのだ。か～っと熱くなって、ふらふらと穴場に吸い寄せられているにすぎない。私の悪い癖である。⑯エイシンバランサーは勝ったものの、⑪カネノイロは9着。この段階でまだ残りのレースは東京阪神で合計6レースも残っている。いやだなあ、今日は幾ら負けるんだろう。9Rが終わったときにちらっと思ったが、まさか本当にその通りになるとは。このあとのことは書きたくない。

今週の教訓。「たくさん買うと、たくさん負ける」。これが競馬の真実だ！

一度に取り戻そうと思うな

競馬場に来たというのにメインレースの前に帰る客って、どのくらいいると思いますか？朝のうちに馬券だけを買いにきて、競馬場をあとにする客ならば、午後は何かの用があるんだろうから仕方がない。しかしあと5分もすればメインレースが発走のときに、競馬場をあとにする客は、どのくらいいるか。あと5分待てば発走するんだぜ。普通はレース開始を待つだろう。東京競馬場の西門から府中本町まで屋根つきの通路があるが、そのとき私の前を歩いていたのは、若い男女のカップル一組と、乳母車を押す夫婦連れが一組。それだけだったが、通路の半分まで来たところで西門のほうを振り返ると、1、2、3、4、5、6——おやおや、競馬場をあとにして歩いてくる客がぱらぱらと10数人。意外にいるんですね。新聞を片手に西門に向かって懸命に走っていく中年男と途中ですれ違ったが、あれはメインレースを見たいと思って走っていたのだろうか。そんなに熱心な客もいるのに、メインレース前に競馬場を去る客はみんな無口だ。

その日の東京メインは、ユニコーンS。WIN5がそこまで当たっていれば、もちろん競馬場に残っていただろうが、一発目の阪神10R三宮Sでいきなりドボン。これでは残る気がしない。競馬場にいると余計な馬券をどんどん買ってしまいそうで、ひたすら怖い。メインが終わってもまだ最終レースがあるわけで、そうなるといくら金があっても足りないだろう。もうこれ以上負けたくない。そこでメインレースの前に早々と退却したのである。どこで間違ってしまったのかはわかっている。東京7Rだ。⑦アルスフェルト（1番人気）、⑨メローハーモニー（5番人気）、⑫ナイアガラモンロー（3番人気）の3頭の競馬だというのが直前の結論だったが、馬連⑦⑨⑫は、8倍強、5倍強、18倍強と、安い。それまで大負けしていなければ、この馬連ボックスを買っておとなしく見ていただろう。しかし今週も朝から飛ばしてしまったので、そんな馬券を取っても屁のつっかいにもならない。どうしようかなあと思っていたときに見た返し馬がすごかった。⑥ペルルクロシュという馬の返し馬が超ぴかぴかだったのである。あわててオッズを調べてみると、単勝30倍強、複勝3~5倍の7番人気の馬だ。それまでは1円も買うつもりがなかった馬だが、あんな素晴らしい返し馬を見せられたら我慢できない。ここだ、ここでいかなかったら男ではないぞ。誰かが耳元でそう言うので、単勝に3000円、複勝に1万。ええい、馬連と3連単も勝負だ、と突っ込むと、その⑥ペルルクロシュが最後の直線で外から差してきたから胸キュン。そうか。この日の悪戦苦闘はこのレースのためにあったのか。5階A指定の最後列で立ち上がり、思い切り叫んだ。「おおの、おおの、大野！」「差せ差せ差せ差せ」。ところが府中の直線は意外に短く、4番手にまで上がったところがゴール。えっ、もうゴールなの？　あと200mくらいないの？　⑥ペルルクロシュは1着馬からコンマ3秒、3着馬からコンマ2秒差の4着。

そこでやめておけばまだよかった。次の東京8R（3歳上500万下のダート1300m戦）の返し馬で見つけたのは、⑤トミケンキルカス。今度は4番人気の馬で、さきほどの⑥ペルルクロシュほど超ぴかぴかではなく、「ぴか」程度の馬なのだが、もう自分を止められないのだ。この日の返し馬診断は、「超ぴかぴか」の馬がそもそもこないのだから、「ぴか」程度の馬では無理だ——冷静に考えればそうわかるのだが、頭が沸騰しているとそういう冷静な判断ができない。馬連と3連単と押さえのワイドまでがつんがつんと買うと、またも差して届かずの4着。これでは1円にもならない。函館と阪神の10Rも、いったい幾ら入れてしまったのか。はっと気がつくと全治1・5ヵ月。これでメインと最終までやっていたら、全治2ヵ月を超えてしまうだろう（もっとも土曜も負けたので、今週の総合収支は全治2ヵ月だ）。

というわけで、競馬場をあとにしたのだが、あの7Rであんなバカなことをしていなければ、事態は変わっていたはずだ。返し馬を見なければ、⑦⑨⑫の馬連ボックスか、その3頭の3連複（15倍）でも買っておとなしくしていた可能性が高い。これからもあるだろうから忘れないうちに書いておく。一度に取り戻そうと思うな。穴を夢見るのは自由だが、強い馬が3頭いたら、穴馬は食い込めない。頑張っても4着までだ。穴を狙うなら強い馬がいないレースである。そのためにレース検討というものがあるのだ。昨年は、1番人気が飛びそうなレースを探し、そういうレースで馬券を買っていたが、最近はその最初のレース検討を忘れていた。昨年のことを思い出せ。いくら返し馬で超ぴかぴかの馬を見つけても、それが強い馬が強いレースをしそうなレースだったらスルーせよ。わかったかお前！

1000万馬券レースで「よし！」

3回東京8日目の4R。3歳未勝利の芝1600m戦だが、逃げた②コスモオリオンに後続馬が襲いかかってくる。ゴールまでまだ400m。このままずるずると下がっていくんだ。そんなものだよな、と思って見ていると、その②コスモオリオン、なかなかガッツのある馬で、粘る粘る。後ろを見ると、後続馬はなんにもこない。⑩サンシャインベビーと①ユキハナにかわされたとしても、これなら3着は確保できるだろう。ゴールまで200mを切ったところでようやく叫んだ。「ダイチダイチ！」「そのまそのまま！」。なにしろ8番人気の馬であるから、叫び甲斐がある。このとき、⑩サンシャインベビーが11番人気の馬で、①ユキハナが7番人気の馬であることは知らなかった。私が買ったのは②コスモオリオンの複勝だけなので、他の馬は関係ないのだ。いや、他の2頭が人気薄のほうが複勝がつくので関係はあるか。その②コスモオリオン、⑩サンシャインベビーにはかわされたものの、一度は差された①ユキハナを差し返して2着でゴール。私が持っている

3回東京8日　4R　3歳未勝利

着順	予想	枠番	馬番	馬名	性齢	斤量	騎手	タイム	着差	通過順	上り	人気	単勝オッズ	体重増減	厩舎
1		❻	⑩	サンシャインベビー	牝3	54	的場勇	1.36.4		1 2 2	中35.3	⑪	120.6	482+20	北的場均
2		❶	②	コスモオリオン	牡3	56	柴田大	1.36.4	首	5 1 1	内35.6	⑧	38.7	452+ 8	南池上和
3	△	❶	①	ユキハナ	牝3	54	武士沢友	1.36.4	鼻	5 4 2	内35.3	⑦	29.5	474+12	北金成貴
4	○	❺	⑨	アイスコールド	牝3	54	松岡正	1.36.6	1	5 4 5	中35.3	②	3.4	468+12	北手塚貴
5	◎	❸	⑤	ドラゴンテリー	牡3	56	松若風	1.36.7	½	2 4 5	中35.3	①	1.8	450+ 2	南戸田博
6	▲	❽	⑯	ヴィオレッタ	牝3	53	石川裕	1.36.8	½	9 7 7	中35.3	③	7.2	426+ 4	北手塚貴
7	△	❸	⑥	ダイワトラスト	牡3	53	木幡巧	1.37.0	1	2 7 8	中35.4	⑥	22.0	484+10	南池上和
8	▲	❷	④	レッドラスター	牡3	56	吉田豊	1.37.0	鼻	5 9 8	内35.4	④	17.2	456 0	南尾関知
9		❻	⑫	シゲルコブダイ	牝3	54	西田雄	1.37.2	1¼	9 11 13	中35.3	⑮	244.9	412− 2	北伊藤正
10		❹	⑧	モンコック	牝3	54	大野拓	1.37.4	1¼	⑭ 11 13	内35.5	⑫	202.1	422	北大和田成
11		❼	⑬	ヤシマスマイル	牝3	54	村田一	1.37.9	3	12 14 15	中35.9	⑯	248.8	414+ 6	北二ノ宮敬
12		❼	⑭	ヘヴンリーソード	牡3	56	嘉藤貴	1.37.9	頭	9 9 12	中36.1	⑬	223.8	450−14	南畠山吉
13		❹	⑦	ウエスタンボルト	騸3	56	田中勝	1.38.0	½	⑮ 14 8	外36.4	⑨	43.5	456+ 2	南小野次
14		❷	③	サンボウ	牡3	53	野中悠	1.38.3	2	2 2 2	中37.2	⑭	231.1	454− 8	南尾形和
15	△	❻	⑪	レインボーユーカリ	牡3	56	江田照	1.38.5	1½	⑫ 11 8	外36.9	⑤	19.7	476+10	北国枝栄
16		❽	⑮	ストラボ	牡3	56	柴田善	1.39.7	7	⑯ 16 16	内36.2	⑩	85.1	470	北宗像義

単⑩12060円　複⑩8340円　②1040円　①900円
馬連②—⑩269970円⑨②　枠連❶—❺2940円⑪
馬単⑩—②471190円157　3連複①②⑩802150円305
3連単⑩②①10604980円2150
ワイド②—⑩42670円⑨②　①—⑩53010円⑨⑦　①—②8150円㊸

のは複勝馬券のみなので、2着でも3着でも関係はないのだが、ゴールと同時に「よし！」。「これ、すごい馬券じゃないかなあ」と隣のおやじが呟く。まさか3連単が1000万とはそのとき思ってもいなかったが、「よし！」と大声で言った手前、何か言わなければ大穴を取ったと思われるのも何なので、「いや、複勝だけですから、たいしたことないんです」。たまたま指定席で隣り合わせただけの見知らぬおやじとこんなふうに話すことは滅多にないのだが、「複勝でもすごくつくんじゃないかなあ」「いえ、10倍くらいですよ」「いやいや、そんなことは絶対にない。もっとつく」とかなんとか会話が続くのである。

配当が発表になると、3連単は前記したように1000万円で場内がどっと沸いたが、②コスモオリオンの複勝は1040円。1着の⑩サンシャインベビー（単勝1万2060円）の複勝は、8340円。

「えっ、どうしてこんなに違うんだろう。②も⑩も同じようなもんだろ」。隣のおやじはどうも納得できなかったようだ。②コスモオリオンは16着、15着と負けた3戦目。⑩サンシャインベビーは12着と負けたあと休みをはさんだ2戦目。どちらも新聞にはまったく印がないので似たように見えるが、前者が8番人気、後者が11番人気。人気順でもそんなに差はないけれど、その単勝が38倍と120倍。中身が全然違うのである。終わってから気がついたのだが、②コスモオリオンの複を買うなら、あと500円追加して、この馬から100円のワイド総流しを選択すればよかった。そうすると、4万2670円と8150円のワイドが2本当たって、総額5万円超え。

この日、もう一つのびっくりは、東京8R(3歳上500万下のダート1400m戦)だ。最後の直線の攻防は、自分の馬券と全然関係がないのでぼーっと見ていたが、最後の最後に、3着に入った馬が②タマモシルクハットであることがちらりと見えた。ちょっと待ってくれ、本当に②タマモシルクハットが3着にきたというのか! おお、と思わず頭を抱えたくなった。実はこの馬、返し馬の動きが素軽い馬の1頭だった。この日はどういうわけか返し馬で目立つ馬が存在せず、1Rの⑪ムチャチャマヒカが11番人気で5着した程度。あとは双眼鏡をかまえても全然素軽い馬がいないのである。この8Rは、1R以後久々に返し馬診断が出動。動きが良かったのは内から順に、②タマモシルクハット、⑤ギンゴー、

⑫スズトラッドの3頭。人気は14番人気、8番人気、12番人気である。この3頭から迷わず⑤ギンゴーを選んだのは、2週前の前走も返し馬の動きが素軽く、よしと勝負したら逃げ粘って微差の4着。とても悔しい思いをしたからである。あのときの借りを返そう。

⑤ギンゴーは今回も逃げたけれど、早々とつかまって8着。もしこのとき、②タマモシルクハットを1頭軸にして、降級馬4頭をヒモに3連単マルチを買っていれば、たった3600円で、150万弱の3連単をゲットしていた！　終わってからこうすれば取れてたよな、という類いのことで、もちろん絵に描いた餅にすぎないけど。せめて複勝だけでもいいから買っておくと、なんと4600円もついたとはショック。どうしようかな、自宅でPATでいいかなと迷いながら、春競馬の最終日にやっぱり行こうと東京競馬場に出撃したのは、行けば返し馬で穴馬を見つけることができるかもしれない、と思ったからなのだ。朝から返し馬診断が不発ならともかく、全然出動の機会がなく、やっと8Rで見つけた穴馬なのである。買えよお前。いや、ギンゴーを買ったのだった。思い出すなよそんなこと。結局この日は4Rの複勝しか当たらず、あとは大惨敗。終わってみると土日で全治2ヵ月。もうダメだ。来週から本格的な夏競馬に突入だが、夏の間は死んだふりをしているので、起こさないように！

えええええっ、お前だったの？

本を読もうとしたときに活字がよく見えないことに、この春突然気がついた。最初は照明の関係かと思って、読む場所を蛍光灯の真下とかに変えたりしてみたが、それでも文字がぼやけている。老眼鏡をかけているのに文字がよく見えないのだ。仕方なく虫眼鏡を取り出して見ると、いやはや、くっきりと見える。そうか、文字を拡大すればいいのか。しかし片手に虫眼鏡を持ったまま本を読むのは疲れる。1時間も2時間もそんな姿勢でいるのは大変つらい。そんなときに思い出したのはずいぶん昔の広告だ。眼鏡の上から拡大鏡をかける石坂浩二の姿だ。早速、ネットで検索してみると、「石坂浩二、眼鏡」で一発で出てきた。便利な世の中になったものだ。それが「ハズキのルーペメガネ」。1.5倍に文字を拡大してくれるのだが、眼鏡型なので両手が空くのがいい。早速買いに走ったのだが、待てよと思って、老眼鏡をかけずにルーペメガネだけで文字を読もうとしたら、ぼやけた文字がそのまま拡大されて読めなかった。つまり私の場合、老眼鏡をかけて焦点を合わせ、それをルーペメガネで拡大して読みやすくする必要があるわけだ。なるほどね。何の話かというと、本や新聞を読むときには、その「老眼鏡＋ルーペメガネ」で問題なしだが、ウインズに行ったときには近眼鏡も必要だな、としみじみ思ったという話である。

実は私、近眼でもあるので、老眼鏡の他に近眼鏡も持っている。しかしこちらは普段あまりかけたことがない。近眼鏡をかけなくても日常生活に支障はないのだ。だから競馬場やウインズに行くときにも近眼鏡は持ち歩かない。しかしこれからは絶対に必要だ。というのは3回中京2日目の12R。3歳上500万下のダート1900m戦だが、最後のゴール前の攻防がはっきり見えなかったのである。1位入線したのが④キングカヌヌ（5番人気）であることはわかった。2位入線は赤い帽子が見えたから3枠の馬だろう。しかし3位入線が何なのかはわからない。どのみち私の軸馬は後ろのほうでもがいていたから全然関係ない。そうか、やっぱり休みが長すぎたのかなあ。私の軸馬は、⑫ワールドダンス（6番人気）。11ヵ月の長期休養明けの馬だが、休み前の2戦ともに1番人気に支持された馬だ。実はその前に遡っても、1番人気、2番人気、2番人気と、徹底して上位人気に支持されている。500万下を勝ってから3着、7着、6着、6着と負け続けているのにこの人気なのだ。ようするに高く評価されていた馬ということだろう。500万下ぐらいならいつでも突破できそうだ。しかも競馬エイトの調教欄おすすめの3頭では、1番手にあがって

3回中京2日　12R　3歳上500万下

着順	予想	枠番	馬番	馬名	性齢	斤量	騎手	タイム	着差	通過順	上り	人気	単勝オッズ	体重	増減	厩舎
1	△	❷	④	キングカヌヌ	牡4	57	浜中俊	1.58.9		11 1 1	内37.8	⑤	6.9	496	0	栗東石坂正
2	△	❸	⑥	ジョウショーチカラ	牡4	57	太宰啓	2.00.1	7	1 3 2	内38.8	⑧	26.5	538	0	栗東西橋豊
3		❻	⑫	ワールドダンス	牡5	54	荻野極	2.00.2	½	5 7 8	外38.5	⑥	19.4	476	-2	栗東須貝尚
4	○	❸	⑤	ハローマイディア	牡3	54	和田竜	2.00.3	¾	5 7 7	内38.6	④	5.5	474	+4	栗東平田修
5	◬	❽	⑯	キングルアウ	牡4	57	川田将	2.00.4	¾	2 2 2	中39.2	②	5.1	504	+4	栗東奥村豊
6		❼	⑬	タニノマンボ	牡6	54	森　裕	2.00.5	首	16 16 16	外37.5	⑭	170.7	488	-10	栗東村山明
7		❷	③	フィールドリアン	牡4	57	秋山真	2.00.6	½	14 15 16	外37.7	⑬	111.7	464	-4	栗東西園正
8		❶	①	テイエムテツジン	牡4	57	小牧太	2.01.0	2½	2 3 2	中39.7	⑨	29.1	442	-4	栗東福島信
9		❹	⑦	カノヤプレジデント	騸6	57	松若風	2.01.0	鼻	16 14 13	外38.5	⑩	56.3	484	+2	栗東谷　潔
10		❼	⑭	カフジデンジャー	牡3	54	高倉稜	2.01.3	1¾	12 12 11	中39.0	⑪	69.9	548	0	栗東松元茂
11	△	❻	⑪	マッシヴランナー	牡4	57	藤岡康	2.01.3	首	5 5 5	中39.8	①	3.2	504	-8	栗東大橋勇
12	◎	❶	②	チャップリン	牡4	57	大野拓	2.01.4	½	8 7 8	中39.7	⑦	25.4	488	-2	栗東鮫島一
13		❺	⑨	ヴォルスング	牡5	57	国分恭	2.02.0	3½	12 12 13	内39.7	⑫	84.4	462	+4	栗東牧浦充
14		❺	⑩	ロードレグナム	牡3	53	鮫島駿	2.02.1	½	8 11 10	内40.1	⑯	250.7	482	-8	栗東浅見秀
15	▲	❹	⑧	エフハリスト	牡3	54	ルメール	2.02.1	首	8 5 5	中40.6	③	5.3	462	+4	栗東橋口慎
16		❽	⑮	ワンダーブラザウン	牡6	57	鮫島良	2.03.2	7	2 7 11	中41.5	⑮	196.7	468	+2	栗東松永幹

単④690円　複④240円　⑥770円　⑫610円　ブリンカー＝④
馬連④―⑥12520円㉜　枠連❷―❸1690円⑨
馬単④―⑥22390円62　３連複④⑥⑫58940円131
３連単④⑥⑫365450円731
ワイド④―⑥3690円㉜　④―⑫2380円㉕　⑥―⑫6250円㊺

いる馬なのである。これは面白いと軸馬に抜擢したのだが、狙いすぎだったようだ。1回叩けば、次は人気になるかなあ。人気にならなければもう一度狙ってみたい。しかし忘れちゃうからなあオレ。覚えていられるかなあ。

そんなことをちらちら考えながらゴール前のリプレイを見ていたら、まず④キングカヌヌが1着、次に⑥ジョウショーチカラ（8番人気）が2着。そして3着馬がアップになったら、そこに映っていたのは、なんとなんと⑫ワールドダンス。えええええっ、お前、後ろのほうにいたんじゃなかったの！　私は何を見てたんでしょうか。⑫ワールドダンスから④キングカヌヌに買った馬連は外れたが（ワイド④⑫が2380円、ワイドでいいじゃん）、3連複がヒット。その配当が5万8940円。えええええっ、そんなにつくの？　この最終レースはほとんどやる気がなく、遊びで買っただけなのでオッズも確認していなかった。だったら、④キングカヌヌと⑫ワールドダンスの2頭軸にしてマルチ3連単を買えばかった。幾らになっていたんでしょうか。まあそれは絵に描いた餅で、それよりも悔しいのは、レース途中も、ゴールの際も、全体的にはっきり見えなかったので一度も叫べなかったこと。600倍弱の3連複をゲットするなんて機会は滅多にない。そういうときに叫べなくて、いつ叫ぶというのか。「オギノオギノオギノ」と叫びたかった。「キワムキワムキワム」というのは叫びにくいので、略称というか愛称はないんだろうか。

先週で春競馬は終わり、しばらく死んだふりをしていると一応は宣言したけれど、中5日休んで復活。夏競馬の開幕は、新横浜ウインズで迎えたのだが、エクセルフロアにも地下のフードコートにも生ビールなどのアルコールを売ってないことに初めて気がついた。どうして売ってないの？　競馬の最中に生ビールなどを飲むようになったのは最近なので知らなかった。仕方なく近くのコンビニに買いに行き、缶ビール1本、缶ハイボール2本を飲んで、すっかりほろ酔い状態。中京最終以外にも福島のラジオＮＩＫＫＥＩ賞を仕留めるなど（こちらはたいした配当ではないが）、ホント楽しい1日であった。しかししかし、次からは近眼鏡を忘れないように！

「複勝＋ワイド」で行こう！

3回中京4日目の6R。3歳未勝利のダート1800m戦だが、返し馬で見つけたのがヴァーミリアン産駒の③ホシルミエール。11番人気の馬だ。ダートの新馬戦を11着に負けて去勢放牧明けの一戦である。競馬エイトの調教欄おすすめ3頭のうちの1頭でもある。ここを叩いて次かな、という気はするものの、見ちゃったものは仕方がない。問題はどういう馬券を買うかだ。最近はこういう穴馬を見つけると3連複の1列目に置き、2列目には1～3番人気の3頭を置き、3列目に7～8頭というフォーメーションを買っている。1～3番人気を2列目にしか置かないのは、上位人気3頭が全部飛ぶのは3割しかないからだ。全体の7割はどれかが、時には2頭が、たまに3頭ともがくるんである。だったら7割を狙おうとの考え方だ。残り3割のケースだったら諦めよう。

というわけで、いつもなら3連複フォーメーションの出番だが、このときはなぜか③ホシルミエールの複勝2000円と、1番人気⑧アナザープラネットへのワイド1000円

3回中京4日　6R　3歳未勝利

着順	予想	枠番	馬番	馬名	性齢	斤量	騎手	タイム	着差	通過順	上り	人気	単勝オッズ	体重	増減	厩舎
1	▲	❹	⑧	アナザープラネット	牡3	56	ルメール	1.52.1		2 3 3	中37.4	①	3.3	478	+12	栗角居勝
2	○	❶	①	トウカイエクレール	牡3	56	武　豊	1.52.3	1¼	③ 4 4	中37.4	⑤	8.1	472	0	栗田所秀
3	△	❷	③	ホシルミエール	騸3	56	和田竜	1.53.0	4	6 6 5	内37.9	⑪	62.2	456	−12	栗庄野靖
4	◎	❶	②	カフジマニッシュ	牡3	56	国分優	1.53.1	首	1 1 1	内38.7	③	5.5	514	−2	栗湯窪幸
5	⚠	❷	④	デューズワイルズ	牡3	56	Mデムー	1.54.0	5	13 2 2	中39.6	②	4.1	470	−2	栗鈴木孝
6		❽	⑯	メイショウセグレタ	牝3	53	岩崎翼	1.54.6	3½	⑮ 13 11	外38.5	⑭	234.2	510		栗安達昭
7		❼	⑭	モンストルコント	牡3	54	義　英	1.54.9	2	⑥ 6 9	外39.7	⑥	16.1	500	+16	栗本田優
8		❻	⑪	イフリート	牡3	56	福永祐	1.55.3	2½	5 6 5	中40.2	④	7.5	500	+4	栗石坂正
9		❽	⑮	エンパイアバローズ	牡3	56	デュプレ	1.55.5	¾	⑫ 10 11	外39.9	⑩	33.2	506	−2	栗渡辺薫
10	△	❸	⑥	カントリーロード	牡3	56	藤岡康	1.55.6	½	⑭ 10 7	外40.0	⑦	18.3	442	0	栗高橋忠
11	△	❼	⑬	ベルウッドエフディ	牡3	56	幸　英	1.56.2	3½	⑩ 9 9	中40.7	⑧	22.6	436	−2	栗高橋康
12		❺	⑩	ユウキビバワンダー	騸3	56	佐久間寛	1.58.3	大	⑩ 10 13	中42.7	⑯	329.6	514	−6	栗藤沢則
13		❸	⑤	イチザビーナス	牝3	51	三津谷隼	1.58.4	¾	⑧ 15 15	中41.7	⑮	294.0	460	−18	栗坪　憲
14		❻	⑫	ワイルドキッド	牡3	53	荻野極	1.59.2	5	8 14 14	内43.0	⑬	224.0	496	+10	栗浜田多
15		❺	⑨	エイシンキララ	牝3	54	松若風	1.59.5	2	3 4 7	中44.6	⑨	22.9	442	−4	栗坂口則
16		❹	⑦	レッドカムラッド	牡3	56	松山弘	2.02.2	大	⑯ 16 16	中42.1	⑫	98.4	486	−6	栗橋田満

単⑧330円　複⑧170円　①250円　③1180円　ブリンカー＝⑫
馬連①—⑧2140円⑩　枠連❶—❹620円①
馬単⑧—①3450円⑫　３連複①③⑧26770円⑬
３連単⑧①③104480円340
ワイド①—⑧810円⑩　③—⑧3030円㉜　①—③5260円㊴

を購入。すると、⑧アナザープラネットが圧勝して、2着は5番人気の①トウカイエクレール。問題は3着争いで、内で粘る3番人気②カフジマニッシュに外から③ホシルミエールが迫ってきた。おお、君だ！　来い来い来い来い！　我慢できずに叫んだ。「差せ差せ差せ！」「和田和田和田和田和田！」。その叫びを中途半端に途中でやめたことには理由がある。ゴール前の最後の攻防を、そのとき私は指定席のモニターで見ていた。中京競馬場のA指定はゴール過ぎの地点なので、レースを直接観戦すると、斜め前方から見ることになるからゴール前の攻防が判別しにくい。だからモニター観戦のほうがいい。指定席のモニターにはいくつものチャンネルがあるが、どこの競馬場に行っても私はいつもグリーンチャンネルに合わせることにしている。全場のパドックやレースを放映してくれるので、いちいちチャンネルを変える必要がないからである。

問題はグリーンチャンネルの画面が実際のレースより何秒か遅いことだ。4秒か5秒か、正確に計測したわけではないのでわからないが、そのくらい遅い。だから、「そのままそのまま」とずっと叫んでいると、周囲から笑われることがある。もう4秒も5秒も前にレースは終わっているからだ。いつだったか小倉競馬場でモニターを見ながら「差せ差せ差せ差せ」と叫んでいたら、指定席に戻ってきたオサムに「もうレースは終わっていますよ」と言われたことがある。そうか、指定席がゴールの斜め前方にある競馬場だけではなく、私はどこの競馬場でもゴール前の攻防はモニターで見ているのか。

で、中京競馬場の6Rの話だが、「和田和田和田和田！」という叫びを途中でやめたのは、周囲の空気が突然ふっと和らいだからだ。その瞬間、あ、もうゴールしたんだと思い、叫ぶのをやめたのである。あの、ばか、まだ叫んでやんの、と思われるのは恥ずかしい。わかるんですね、空気が変わるのが。ゴールの瞬間まで全員が固唾を呑むように見ているときは緊張の糸がぴんと張り詰めているが、ゴールを過ぎてしまうと、その緊張がふっと解けるのである。その瞬間の変わり目がわかるんだ、と初めて納得。③ホシルミエールは、②カフジマニッシュをクビ差かわして3着でゴール。その複勝が1180円、⑧とのワイドが3030円。3000円の投資が、5万3900円になったわけだ。もしもいつものように3連複フォーメーションを買っていても馬券はヒットしていたが、そのときの3連複は2万6770円だったから、複勝とワイドのほうが正解だったわけだ。

今週はオサムと中京競馬場に出撃したのだが、名古屋在住のミー子もやってきて、楽しい週末だった。特に気にいったのは中京競馬場の生ビール。東京競馬場の生ビールは580円であるのに比して、中京競馬場は530円。そのぶんだけひとまわりカップが小さいのだが、私には東京競馬場の生ビールは大きすぎるので、中京競馬場の生のほうがいい。次にハイボールを飲みたいので、生ビールの量は少ないほうがいいのだ。個人的な好みの話で申し訳ないけど。そうだ、名鉄の中京競馬場前の近くにあるセブンイレブンは変わっている。くじを引くと空くじがないんじゃないかと思われるほどよく当たるのである。私は土曜にコーラ、日曜に味噌汁が当たったが、ミー子が日曜に当たったのが食パン。これ、選べないんである。はい、と商品を渡されるのだ。

競馬の中身はいろいろあったものの（細かなことがたくさんあって書き切れないのだ）、終わってみると全治半月の負け。まあ、あれだけ楽しんだのだからこれくらいの負けで済めば十分だ。名古屋駅前の地下にあるライオン（長芋のフリットが美味しかった！）でグラスを傾けてから、博多に帰るオサム、食パンをもって帰宅するミー子、彼らと名古屋駅で別れ帰京したのだった。

福島の朝にシマノと蕎麦

日曜の朝、喫茶店でコーヒーでも飲もうと街に出ると、福島駅前でばったり会ったシマノが、和定食を食べないか、と言う。どこにそんな店があるのかと思ったら、福島駅構内の立ち食い蕎麦を食べたいと言うのだ。それが和定食？　蕎麦とご飯のセットがあるんじゃないかとシマノは勝手に妄想していただけで、実際はありません。どうして彼が駅前でぼんやり立っていたかというと、その立ち食い蕎麦は、駅の改札を抜け、さらに新幹線の改札を抜けたところにある。ようするに新幹線のホームを降りたところにあるので、入場券を2回買わなければ入れないのか、わからなかったらしい。入場券は140円なので、駅の改札を抜けるときに140円、新幹線の改札を抜けるときにまた140円では合計280円かかることになり、立ち食い蕎麦が高いものになる。それで迷っていたようだ。じゃあ、オレが聞いてあげるよ、と駅員に尋ねると140円の入場券を買えば新幹線の改札の中まで行けるという。そうだよな、見送りの人だっているんだし。そうでなければおかしい。

しかし、普段無駄な馬券をたくさん買っているやつが、そんな金額で悩むのもおかしい。おかげで、特に蕎麦を食べたいわけでもなかった私まで、つきあって入場券を買って駅構内に入ることになってしまった。そのときにシマノに聞いた話が面白かったのでご報告したい。

レース中にターフビジョンの下のほうに、1番手の馬、2番手の馬、3番手の馬の、馬番が表示されますね。その点滅された番号を見るだけで、いまはどの馬が先頭を走っているのか、2番手を走っているのか、一目瞭然にわかるようになっている。ただし、表示されるのは3番手まで。福島で言えば向こう正面を左から右に走っていると、いちばん右に表示される数字が先頭を走る馬の馬番だ。これが4コーナーを回ると右から左に向かって走ることになり、これまでの数字の並びではおかしなことになるので、ターフビジョンの下にあった数字は知らない間にすっと消えてしまう。そうか、障害などではどういうふうに表示しているのか、ぐるぐる回っているから、表示のときにあれは困るよな。とにかくその数字を見て、あれは横に表示するからそういう問題が起こるのであり、縦に表示すれば何の問題もないんじゃないの、とシマノが府中にそのとき連れていった女性が言ったという。競馬の初心者は我々が気づかないことを鋭く指摘するのだとシマノは感心するのである。なるほどね。

今週は1年ぶりに福島へ行ってきた。トシキとカオルとシマノにドクター松井、それにツッチーとオサム。昨年はオサムが不参加だったのでみちのく6人旅だったが、今年は2年ぶりにオサムが参加したので総勢7人。今年からローカル競馬場も指定席がネット予約できるようになったので大変便利になったが、重賞のある日の多くが抽選というのはどうか。そんなに混みますかね。先週の中京はプロキオンSがあった日曜も抽選なしであったのに、小倉大賞典の日の小倉は抽選だというのだ。その違いがよくわからない。私とかオサムは朝が早くても苦にならないが、それを苦にするトシキなどはネット予約で指定席を購入すると朝の出発が遅くなるので大変に喜んでいた。今週は福島に重賞がなかったので抽選はなし。だもんで、日曜の朝はのんびりだ。シマノと私が駅構内の立ち食い蕎麦を食べに行ったのもそのためである。さらに、すべての指定席にコンセントがついていたこと（以前は一部だった）、B指定席の机にモニターが設置されていたこと。数年前にB指定に入ったときは後ろまでモニターを見に行った記憶があるから、この変化はこの数年のことに違いない。ようするに、徐々に使いやすくなっている、ということだ。

なかなか競馬の話にならないのは、いいところが一つもなく、土日が終わってみると全治2ヵ月。どこで間違えてしまったんでしょうか。惜しかったのは土曜福島の10R信夫山特別だ。その返し馬で、9番人気の④ヤマカツポセイドンの動きが素軽かったのである。

急いで人気を調べると9番人気の馬である。10頭立てのレースなのでそもそも買うつもりのなかったレースだが、見ちゃったものは買いたくなる。10頭立ての9番人気というのは、つまりブービー人気ということだ。そこまでにそれはもうたくさん負けていたので、複勝（880円）を買わず、新聞で印の付いている馬3頭に馬連を各1000円買うと、後方から追い込んで④は3着。1着⑨サトノフェアリー（6番人気）とのワイド（7210円）は買えないが、2着⑩マイネルサージュ（1番人気）とのワイド（2240円）は買えたのではないか。どうして馬連にするんだ！ワイドを買え！　14万弱の3連単は買えないが、いつもの3連複を買えば、簡単に2万2740円の3連複もゲットできていた。うまくいかないものだ。夏はまだまだ長い。頑張れオレ。

複勝が当たらない

このコラムの昨年一年分をまとめた『外れ馬券に乾杯!』(ミデアム出版)が発売になった。毎年いまごろ出していただいているのだが、一年前のことだから忘れていることが多く、いつもゲラの段階で「こんなことがあったのか」と驚いている。今回は昨年春ごろに3連複フォーメーションをやっていたことを思い出した。ゲラを読むまで忘れていたのだ。そうか、やってたよなあ。ゲラを読んだのがちょうど春の府中の終わりごろで絶不調であったから、よおし、この3連複フォーメーションをふたたびやってみようと思った。どうしてその馬券作戦をやめたのか、記憶を振り絞って考えてみたが、「当たるけど破壊力がない」ということだったような気がする。そりゃそうだ。3連単に比べればたしかに破壊力はない。しかし春の府中の終わりごろはとにかくボウズの連続で、競馬がつまらなかった。破壊力なんてなくてもいいから当たりが欲しい、という心境だったのである。というわけで3連複フォーメーションを復活させて1ヵ月、3回中京2日目の最終レースでは、

5万8940円の3連複を仕留めるなど（破壊力あるじゃん）、一応の成果は残している。もっともそれでもボウズの日もあるから、問題は馬券作戦ではなく、私のほうにあるのかも。今週は、2回福島8日目の最終レースで、9070円の3連複を仕留めたが、このくらいの配当でもありがたいと感謝する日々である。破壊力があったほうがもちろんいいが、なくてもいいのだ。当たりさえすれば嬉しい。

最近の問題は別のところにある。複勝がまったく当たらないのだ。2倍の複勝に3000円投入し、首尾よく当たればそれをそっくり2倍の複に転がすという「2回限定の複ころ」はWIN5の資金獲得のために始めたのだが、最近はそれがさっぱり当たらないのだ。たとえばこの日、3回中京8日目の痛恨は中京1R。⑤エッシャー（8番人気）に複勝印を書いていたのだが、朝一発目なので他のことに忙しくうっかり買い忘れてしまった。そしたら2着の複勝がなんと520円。おいおい。ひやっとしたのが次の中京2R。ここでの複勝馬は⑨テイエムタービン（11番人気）だったが、超人気薄だったので出動せず、ケンすることにした。プラス20キロというのも嫌だ（そんなに太くは見えなかったが）。ところがこの馬がきわどかったのだ。みんなが避けるインを4コーナーでつくと、するすると上がり、一端は先頭に躍り出た。③ハナズレジェンド、⑬エンヴァールという人気2頭にかわされてもまだ3番手。おそらく複勝は10倍以上つくだろう。残っちゃうのかお前！

買えばよかったなあ、1Rのエッシャーに入れていると複勝の配当総額が1万5600円。それをそのままこの⑨テイエムタービンに入れているとその複が10倍として、なんと15万だ。よく考えてみると、1Rのエッシャーに入れているとそれでWIN5の資金は達成だから、まるごと⑨テイエムタービンに入れることはあり得ない。ようするに、心が千々に乱れたということですね。⑨テイエムタービンはゴール直前にデムーロ騎乗の①ロビーナに差されて4着。おお、よかった。

それで気を取り直し、コノヤロと函館3Rの⑤アーススピードに3000円入れると、5番人気で5着。それではと、福島9R栗子特別の⑯ナイアガラモンローに入れると、こちらも5番人気で5着。福島9Rの複を仕留めたところで、もう転がすレースはないからWIN5には間に合わないのだが、この⑯ナイアガラモンローがパドックで超ぴかぴかだったので我慢できなかった。福島芝で〔1213〕という4歳牝馬で、鞍上は内田博。競馬エイトの調教欄でもおすすめ3頭のうち2番手であがっている馬だ。それがパドックで超ぴかぴかなのである。3連複フォーメーションでももちろん1列目に置き、さらに複勝を3000円。お前は落ちている金を拾わないのか、と誰かが耳元で囁くので、単勝を買おうかどうしようかと最後まで迷ったが、意外にお金は落ちていないことを身にしみているので、単はぐっと我慢。あれだけ自信があったのに、いいところなく5着に負けるとは意外。

函館7Rの④ワールドレジェンド（3番人気）のように、安いはずだとケンしたら2着の複が240円という例もあり（ダントツ人気馬が4着以下になるとこういうことになる）、複勝はホント、難しい。4回買えば2回は当たる、と豪語していたことが嘘のように当たらないのだ。おかげでこの日のWIN5はケン。どうやっても絞れず、400点を超えてしまっていたので資金が調達できず、ちょうどよかった。しかもその400点予想、いきなり最初の香嵐渓特別でドボン。最初から当たらないのかよ。複勝ころがしもダメだけれど、WIN5も私、向いてないみたいだ。

というわけで、今年の夏は3連複フォーメーションに専念し、さらに複勝馬の選択に磨きをかけたい、と思う今日このごろである。

オサムが全場制覇をした夏

新潟競馬場の入口を入ったところに無料のうちわが置いてあったので手に取ると、表に大きく「夏フェス」と書いてあり、「新潟夏競馬　7・30→9・4」とあった。その背景はレース写真だ。それを見て、「ナリタクリスタルだ！」とオサムが言う。なんでそんなことがわかるんだ？　レース写真とはいっても、文字の背景になっているから半分以上は隠れているのだ。すると、「ここに、リタクとあるじゃないですか」。そう言われてみると、馬のゼッケンに書かれている文字が3文字だけかろうじて読める。「それに、これは武豊ですよ」。おお、そうだ、あのときの鞍上は武豊だった。「関屋記念だっけ？」「いや、新潟記念ですよ。ほら、ここに書いてあります」とオサムがチラシを見せる。それは「新潟競馬場インフォメーション」というチラシで、そこに「新潟記念過去5年の成績」という表が載っている。それによると、２０１１年の第47回新潟記念は、5番人気のナリタクリスタルが1分59秒1で勝っている。そうだ、5番人気だったんだ。途端に私も思い出す。面白社長がＷＩＮ5を当てたのである。1頭、1頭、2頭、2頭、5頭の20点で、ＷＩＮ5が20万。最後の新潟記念だけ5頭指名で、その5頭の中でいちばん人気薄のナリタクリスタルが勝ったおかげで20万。その直前のレースで面白社長の指名馬がゴール前で危うくぎりぎり差し切ったとき、「差した差した差した差した」と言って、手をひろげて踊った逸話がいまも私たちに残っている。

そのチラシには「関屋記念過去5年の成績」という表も載っていて、つまり10頭の勝ち馬の名前が載っているわけだが、どうしてその10頭の中からナリタクリスタルの写真がうちわに使われたのか、それはわからない。私ら以外にとっては、特に印象に残るレースではないだろう。でもなんだか嬉しい。たった3文字を見ただけでナリタクリスタルの名前が瞬間的に出てくるのは、オサムがいまも昨年亡くなった面白社長を忘れていないからだが、それだけでなく、オサムの記憶力が驚くほどいいということもある。たとえば最初に中京競馬場に行ったのはいつ？との質問に、「あのビームライフルのときですよ」と即答。「おお、おれが１００万馬券を逃したときだ」「そう、その最終レースですよ。ソングオブウインドの子は内枠がいいんだってあのとき聞きました。菊花賞を外枠で勝った馬なのに産駒は違うんだって初めて知りました」。私が受け売りの知識を披露したことまで覚えているから、いやはや。

実はオサム、今回の新潟競馬場で全10場制覇である。で、それぞれの競馬場に初めて行ったときはいつ?と質問したのだった。阪神はいつ?との問いには「あの12人で行ったときです」「おお、横一列問題のときか」「そうです」。最近はオサムとしょっちゅう一緒に競馬場に行っているので、昔からずっと一緒のような気がしているが、比較的最近なのだ。「京都競馬場はいつ?」「オルフェーヴルが三冠を取ったときです」「おお、あのときか」。ダービーハウスでコーヒーを飲んでいこうと早めにホテルを出た私が淀につくともう長蛇の列で、あわてて後から来る連中に(あのときは総勢7人だった)、「走ってこい!」とメールを打ち、ぎりぎりA指定に入れた年だ。あれがオサムの初京都だったのか。もっと前から行っていると思ってた。オサムは競馬場別のマグカップを収集していて、これで10個が揃ったことになる。そんなマグカップを売っていることも知らなかったが、ようするに競馬場の名前と、コースの図がプリント(いや、焼かれているというべきか)されているカップで、せっかく10場を制覇するなら記念になにか集めたいと思って、マグカップにしたんだという。飲み屋に行ってもそのマグカップを嬉しそうに箱から取り出しては、撫でていたりするから、なんだか微笑ましい。

私が新潟競馬場を訪れるのは10年ぶりくらいだが、今回もひとつもいいところがなかった。新潟へ行く前の2週間も、各日15レース購入し、土日土日で全60レース。それで当たったのはたった2レース。今週は新潟で土日で40レース購入し、当たりはゼロ（つまりボウズだ！）。ということは、この3週間で100レース購入し、当たったのはたったの2レース。的中率が驚異の2％とは驚く。私の平均は10％であるから、100レース買うなら10レースは当たらなければならない。それが2レースということは、あまりにもひどい。それを象徴するのは、日曜新潟の最終レース。3歳上500万下のダート1800m戦だが、返し馬の動きが良かったのは、⑤タンサンドール（2番人気）、⑦サマーラヴ（7番人気）、⑫ユーガッタフレンド（15番人気）、⑭パブリックフレンド（5番人気）の4頭。で、返し馬診断から⑤⑫の2頭を選択し、その2頭を軸にしてあれこれ買うと、残りの2頭がワンツーして馬連8000円。おお、ばかばかばか！

小倉の鉄鍋餃子

2回小倉4日目の12R筑紫特別（3歳上500万下の芝1200m戦）のゴール前、4番手の⑩フェザリータッチ（2番人気）が外から伸びてくる。その脚いろはゴールまでに前の3頭をかわせるかどうか、というきわどい脚いろだ。「差せ差せ差せ」「川田川田川田」と目いっぱい叫んだ。こういう人気馬を叫んではいけないのだが、WIN5がかかっているから我慢できない。札幌11RのUHB賞（1番人気のクリスマス）、小倉11Rの小倉記念（11番人気のクランモンタナ）、新潟11Rのレパードステークス（2番人気のグレンツェント）と、ここまで3つクリア。この小倉12Rさえ仕留めれば、リーチなのである。熱が入るのも当然だ。最後の新潟12Rを勝ったのは1番人気の⑥クリムゾンバローズだったから（これは当然私の指名馬だった）、小倉12Rを⑩フェザリータッチが勝てば、1番人気→11番人気→2番人気→2番人気→1番人気、という結果になり、私のどスクライクゾーンで大的中。おそらく100万前後の配当になっていただろう。

2回小倉4日　12R　筑紫特別

着順	予想	枠番	馬番	馬名	性齢	斤量	騎手	タイム	着差	通過順	上り	人気	単勝オッズ	体重増減	厩舎
1		❺	⑤	スカイパッション	牝4	55	松若風	1.08.6		⑩⑩⑩	外34.3	⑩	71.3	466+22	棘作田誠
2	△	❽	⑩	フェザリータッチ	牡3	54	川田将	1.08.8	1¼	4 5 4	外35.0	②	4.3	440− 2	棘吉田直
3	◎	❽	⑨	メイショウラバンド	牝5	55	幸　英	1.08.8	頭	2 3 3	中35.1	④	6.8	460+ 4	棘石橋守
4	▲	❷	②	ウォーターラボ	牝4	55	北村友	1.08.9	¾	6 5 6	中35.1	①	2.9	460− 4	棘安田隆
5	◬	❹	④	エスペランサリュウ	牡3	54	和田竜	1.09.0	首	8 7 7	中35.0	⑥	13.9	456+ 4	棘飯田雄
6	△	❻	⑥	サカジロテンオー	牡3	54	国分優	1.09.0	鼻	2 2 2	中35.4	⑤	8.5	484− 4	棘湯窪幸
7	○	❼	⑦	ケイアイヴァーゲ	牡6	57	ホワイト	1.09.0	首	7 7 7	外35.0	③	5.0	444+ 4	棘西村真
8		❸	③	オールパーパス	騸5	57	バルジュ	1.09.3	2	9 7 7	内35.3	⑧	26.8	470−10	棘中竹和
9		❼	⑧	ラホーヤビーチ	牝4	55	古川吉	1.09.3	首	1 1 1	内35.9	⑨	37.7	468+10	棘松永昌
10		❶	①	エナジータウン	牡4	57	藤岡康	1.10.4	7	4 3 4	内36.7	⑦	14.5	452+ 2	棘藤岡健

単⑤7130円　複⑤1240円　⑩180円　⑨210円
馬連⑤—⑩16850円㊱　　枠連❺—❽6840円⑳
馬単⑤—⑩44840円㊽　３連複⑤⑨⑩28140円㉜
３連単⑤⑩⑨321270円555
ワイド⑤—⑩5720円㊵　⑤—⑨5150円㊴　⑨—⑩550円⑥

しかし、「差せ差せ差せ」「川田川田川田」と叫びながら、ちらっと気になったのが、その外から差してきた馬。その馬の脚いろが気のせいか、⑩フェザリータッチよりもいいのだ。前を行く3頭をかわせるかどうかというのは緊急の問題だが、より問題なのは、外から差してきているその馬の急追をしのげるかどうかだ。いや、差されたとしてもゴール過ぎならいいのだ。ゴールの瞬間さえしのげばいい。コンマ何秒かの間にそんなことを考える。その段階では気がつかなかったが、そのとき外から差してきたのは10頭立て10番人気の⑤スカイパッション。障害帰りの馬である。どうしてこんな強い馬が隠れていたんでしょうか。その⑤スカイパッション、あっと言う間に全馬を差し切ってしまった。それで私の⑩フェザリータッチが前の3頭をかわせず、3着とか4着ならまだ諦められるが、こういうときにかぎって、きっちりと2着。ふーん。小倉記念を仕留めたときには（馬券は外れたが）、もしかしたらもしかするかも、と期待したのだが、WIN5はそんなに甘くない。

今週は1年ぶりに小倉入り。オサムと二人で出撃した土曜は面白かった。このところ、100レース買って2レースしか的中しないというどん底の私は、その土曜も小倉9Rまでは一本も当たらず、もう帰っちゃおうかと思った。小倉10R指宿特別の返し馬で⑤タニノマンボの動きが素軽くても、そんなにすぐには買いたくならない。とにかく絶不調なのだ。そういうやつの返し馬診断など当たるわけがない。しかし他に買いたい馬もいないので、その9番人気の馬の単複を各1000円。合計2000円なら捨ててもいいだろう。すると、その馬が4コーナーを回って中団から差してきたのだ。その脚いろはかなり鋭い。本当に本当かお前。頭はともかく3着ならあるかもしれない。そこで「和田和田和田和田！」「わだわだWADAワダワダ！」と叫ぶと、3着どころか、早めに抜け出して先頭に躍り出た⑯ディープオーパスにぎゅいーんと襲いかかる。おお、素晴らしい。だったら差しちゃえ。「差せ差せ差せ！」「頭だ和田！」。きっちり首だけ捕らえたところがゴール。その単勝が2980円、複勝が730円。どうして各1000円しか買ってないのか。2着の⑯ディープオーパスは3番人気の馬なのに、馬連は106倍。おお、500円でもいいから買っとけよ。3着は6番人気の⑧ブラックジョーで、3連単は16万。それは無理だとしても馬連をゲットするのは容易だったはずだ。まったくなあと思ったが、この当たりが流れを変えたようで、それから新潟10R・信濃川特別、小倉11R・九州スポーツ杯、新潟11R・越後S、札幌12R・HBC賞、新潟12Rと馬連ばかりだが，全部で6本もヒット。その配当は順に、3270円、1590円、2510円、2900円、3060円とたいしたことはないが、おかげで100万年ぶりにプラス。100レースで2本しか当たらないやつが、22レース買って6本もゲットしたのである。おかげで土曜はとても楽しく、ミー子の同級生が経営する酒場べーすで、おいしい酒を飲むことができた。

しかし日曜は一転していつもの絶不調に戻り、これでWIN5が当たればまだ良かったが、土曜の浮きを吐き出して終わってみればいつもの負け。日曜はミー子もユーちゃんもやってきて、最終レース終了後は小倉駅近くの鉄鍋餃子の店で楽しい酒を飲んだ。中京、福島、新潟、小倉と、5週間に4回遠征するという強行スケジュールもこれでついに終了。「これで今年の夏も終わりだなあ」と言うと、「まだ8月が始まったばかりですよ」とユーちゃんに言われてしまったが、私の気持ち的にはもう終わりなのである。あとは暑い東京でじっと我慢の子なのである。成績的にはとても苦しい夏だったけれど、でも楽しかったなあと振り返るのである。

流れを変えるな

２回新潟６日目の１Ｒ。２歳未勝利のダート１２００ｍ戦だが、⑦シゲルコングは福島で芝２０００ｍの新馬戦を叩いてここが2戦目の馬だ。その新馬戦では20馬身ちぎられたが、シニスターミニスター産駒なら４９６キロと馬格もあるし、ダートに替われば面白い。前走で３秒以上離された馬が４番人気に支持されているのも、その魅力のためだろう。そこでまずこの馬の複勝に３０００円。ダントツ人気の⑥ハルクンノテソーロとの馬連オッズを見ると、30分前の段階で27倍。黙って見ているのはもったいないような気もしてきたので、その馬連を１０００円。最後に⑥ハルクンノテソーロを1着、⑦シゲルコングを２着と3着に置き、相手を５頭に絞った3連単を各１００円。合計で５０００円を入れてみた。もっとどんどん突っ込みたい衝動にかられたが、１Ｒからどかんどかんと入れることに抵抗があるし、そんなにうまい話は滅多にないことを身にしみて知っているので、これがただいまの限界。

するとその⑦シゲルコング、スタートは普通だったものの二の脚がなく、後ろからの競馬になった。新馬戦では先行したのに、これでは話が違う。やっぱり、そんなにうまい話はなかったか。あとは、ふーんと思ってレースを見ていたが、逃げた⑥ハルクンノテソーロが直線を向いても他馬を引き離していく。ふーん、やっぱり強いんだ。すると大外から⑦シゲルコングが差してきたのでドキッ。嘘だろ、ホントかよ。直線を向いたときにはまだ10番手くらいだったが、その脚いろは素晴らしく、あっと言う間に3番手、2番手と何頭も抜き去り、⑥ハルクンノテソーロにコンマ3秒まで迫ったところがゴール。いやはや、素晴らしい。馬連は1650円まで下がっていたが、その複勝は310円。3着に6番人気の⑭ハングリーベンが入ったので3連単は2万5810円。配当総額は約5万だ。朝からこれくらいの配当をゲットすると嬉しい。しかし馬連を1000円しか買ってないのは情けないし、3連単だって⑦シゲルコングを2着に固定すれば、相手5頭に各1000円は買えたのではないか。そうすると3連単だけで配当が25万。馬連を3000円買えば、総額は30万。それくらいはゲットできたと思うと、なんだか儲け話を逃したような気がしないでもない。

もちろんこれが絵に描いた餅であることはわかっている。というのは小倉3Rの⑧ウインフェルベールに複勝ころがしの9300円を入れられなかったからだ。小倉3Rは

3歳未勝利のダート1000m戦。このパドックで、⑧ウインフェルベールの気配が目立っていたのだ。鞍上はホワイト。パドック中継の時点では4番人気だったが、最終的には6番人気。ここに9300円を入れていると、1着の複勝が370円だったので、3万4000円超え。その場合は、1460円の単勝も2000円買ったかもしれないので、こちらの配当が3万弱。単複合わせれば約6万。新潟1Rで30万ゲットして、この小倉3Rで6万ゲットすれば、この日の流れも変わっていたに違いない。ところが新潟1Rで手にしたのは5万どまりで、この小倉3Rはケンしてしまったので収益はゼロ。こんなことをしていたのでは、流れも悪くなる。終わってみると全治半月というのはまだ健闘した部類だろう。そうか、新潟1Rを取らなければいつものように全治1ヵ月だったことになる。

私が反省したのは、小倉3Rの⑧ウインフェルベールになぜ9300円を入れられなかったのか、だ。⑧ウインフェルベールのここ2走の位置取りが中団（やや手前）であることも自信喪失の原因の一つだが、いちばん大きな原因は、その直前の小倉2Rで⑨リーズがどこにもこなかったことだ。この馬もパドックで良く見えた馬だったのである。それほど自信があったわけではないので、9300円は入れられず、しかし見送るには惜しいので複勝2000円という中途半端な買い方をしたが、その⑨リーズは9番人気で8着。小倉3Rのパドックで⑧ウインフェルベールの素軽さを見たときに真っ先に思い浮かべたのは、その⑨リーズのことであった。2Rの⑨リーズよりも3Rの⑧ウインフェルベールのほうが自信はあるけれど、しかしょせんは素人のパドック診断だしなあ、とつい弱気になってしまったことを反省したのである。

この日は、小倉7Rの①ウォーターシャウト、札幌9Rの⑩ブライトボイスと、他にもパドックで気になった馬がいたが、前者は3番人気で8着。後者は9番人気で4着（このコンマ2秒差はなんとかならなかったのか。このときは単勝1000円、複勝5000円と合計6000円を入れてしまった）。つまりこの日、パドックで良く見えた馬は4頭いて、3着以内にきたのは1頭だけだったのだが、そのレースだけケンしてしまったのである。センスがないというか何というか。私、ホントに競馬に向いてないみたいだ。

叫び方がデタラメだ

2回札幌2日目の12R小樽特別。3歳上500万下の芝1200m戦だが、スタートと同時に⑫フジノパンサーが外からするすると上がって4番手をキープ。そのまま3コーナーを回っていく。内の3頭（つまり②ビリーヴザワン、③タカミツスズラン、④ポートレイト）の鞍上はどれも激しく手が動いているが、フジノパンサーの鞍上だけ騎手の手はぴくりとも動いていない。持ったままである。「スピードが違うんですよ」。隣でシゲ坊が言う。4コーナーで最内をついて伸びてきたのは⑩コスモフレンチ。あっと言う間にこの馬が先頭に躍り出る。⑫フジノパンサーも2番手に上がるが、その脚いろは⑩コスモフレンチを抜きそうな勢いだ。馬連⑩⑫は約70倍だ、と瞬間的にオッズが浮かぶ。そのとき外から差してきたのが⑭ヴァッフシュテルケと⑬ジェットコルサ。その2頭の猛追を凌げるかどうか。「そのままそのままそのまま！」。私とシゲ坊がモニターに向かって叫ぶ。周囲に叫んでるやつは一人もいない。なにしろ⑫フジノパンサーは15頭立て10番人気の馬なのである。

鞍上は北海道公営の石川倭。先頭に躍り出た⑩コスモフレンチ（2番人気）への声援と思われるのはシャクだから、時折「いしかわ！」と騎手の名前も折り込んで叫ぶ。

ところで、この日の新潟2Rのゴール前で「14、行け！」と叫んだおやじがいた。私の馬券とは全然関係のない局面だったので、ふーんと思って見ていたにすぎなかったが、そのおやじが応援する⑭シグナリングという馬がどこにいるんだと思ってよくモニターを見てみると、その段階で2番手。ようするに2着になりそうな馬への声援だったわけだ。問題はそれがゴール直前で、1番手にいる馬とはかなり離れていたことだ。後ろを見ると3番手にいる馬ともかなり離れている。つまりどうやっても⑭シグナリングは1着になりそうもないが、3着に落ちることもないという局面である。つまりどうやっても事態は変わりそうもないのだから、叫ぶケースではない。どうしても声に出したいというのなら「そのまま」が正解。もうひとつ札幌3Rのゴール前で「1番、頑張れ」と声をはりあげたおやじがいた。1位入線したのが⑩ゴーストバローズ、2位入線したのが③ビュウイモン、で、3位入線が①グレートジーピーというレースである。後方にいた①がいつの間にか3番手まで上がってきたことにも驚いたが、このおやじが叫んだのはその①が2番手にいた③に激しく迫ったゴール前であること。①が4コーナーを回ったあたり、あるいはまだ前に5～6頭いる段階で叫ぶのなら、この①は7番人気の馬であったから、それなりにカッコいいが、３番手に上がり、２着をうかがう局面になって初めて叫ぶのでは遅すぎる。つまりそこにはリスクを背負うという覚悟がない。叫ぶということは、外れたら恥をかく、つまりリスクを背負うから決まったときにカッコいいのである。しかもこのおやじ、そのあと何も言わないから、3着のままフィニッシュしてどうだったのか、さっきの「1番、頑張れ」を聞いた人間には結果がわからないから、なんだかもやもやして落ちつかない。

それに比べて、小樽特別の最後の直線で私とシゲ坊が叫んだのは、まだ外から人気馬が差してきている途中である。にもかかわらず、リスクをおかして、しかも10番人気の馬への声援であることも宣言したのだ。このままの態勢で決着すれば、馬連は約70倍で、３連単は13万。もしも外の⑭が差して、⑩→⑭→⑫になったら馬連は外れて３連単が10万。いちばん外の⑬が3着なら、つまり⑩→⑫→⑬なら５００倍強。勢いあまって⑬が2着になったら（この場合は⑩→⑬→⑫だ）、３連単は３００倍弱。そんな配当を取ったところでこの日の負けは補填できないが、しかし当たれば翌週からの流れだって変わるだろう。なんでもいいから当たりが欲しい。「そのままそのまま」「いしかわいしかわ！」。私とシゲ坊の叫び声がエクセル新横浜の6階に響きわたる。

この日は久々にシゲ坊と新横浜のエクセルに出撃したのだが、二人とも朝から絶不調。なんと一本も当たらずボウズなのである。私などは土曜もボウズだったから、本当にまったく全然当たらない。そんなときに札幌12R小樽特別の⑫フジノパンサーがいかに狙えるかをシゲ坊が力説したのである。詳しくは覚えていないが、前走の門別のタイムが優秀だというのだ。10番人気とはいっても、その時点で単勝33倍、複勝6~10倍。極端な人気薄というわけではない。いまさら単複では負けを取り戻せないので、この馬から馬連と3連単を買うことにした次第である。私とシゲ坊の夢を乗せた⑫フジノパンサーは、4番人気の⑭、さらに1番人気の⑬にも差されて、無情にも4着。絵に描いたような結果と言っていい。土曜に全治1ヵ月、日曜に全治1ヵ月半。神様、いまから人生をやり直しても、もう遅いでしょうか。

「返し馬動画」を見たい

夏の初めにスマホを買った。ずっとガラケーを使っていたので、スマホ初体験である。問題は格安スマホを買ったので使い方を購入先では教えてくれないこと。使えるようにして、はい、と渡されるのだが、その先は自分で学習するしかない。年寄りで、しかもスマホ初心者が格安スマホなどを買うものではない、とあとで言われたが、そういうのは買う前に言ってくれ。なにしろ最初は、どうやって電話をかけたらいいのかもわからないのだ。困ったものである。で、この夏は、オサムとしょっちゅう各地で会ったので、彼にいろいろ教えてもらった。メールするときはどうするの、とかなんとか、まったくの初心者的質問に彼は何度も丁寧に答えてくれた。レース検討している横であれこれと尋ねて、ホントに申し訳ない。

そのオサムが「JRA-VANを入れたらどうですか」と言ったのは新潟だった。そういえば数年前に小倉に行ったとき、まだ夏競馬で薄暮レースをやっていたころのことだが、最終レースまで競馬場にいると日曜は飲む時間がなくなるので早めに切り上げて、小倉駅前の酒場で最終レースを見たことがあった。あのときはレース動画を藤井君のスマホで見た。あれが「JRA-VAN」だ。しかしあんなことは滅多にないし、それで毎月500円も払うのはなあ、と思っていたら、「パドック動画を見ることもできますよ」とオサムが言う。おお、それは便利だ。私、パドックを見るのが好きである。時に検討に忙しく、パドックを見ることを忘れることがあるが（気がつくと終わっていたりするのだ）、そんなときはなんとなくやましい気持ちになる。お前はパドックも見ずに馬券を買うのかよ、と言う自分がどこかにいたりする。言うまでもないことだが、パドックを見たって馬券は当たらないのですよ。しかしそれとこれとは別で、やっぱり同じ外れるのでも納得したいのである。あんなにすごいできを見せられたら誰だって買うよなあ、とかなんとか、この逆のケースもあるけれど、ようするにお金を捨てることを「今回は仕方がなかった」と納得させたいのだ。そのためにはパドックを見るという行為が必要なのである。いいですねえこれ。あっと気がつくと他場のパドック中継が終わっていたりするが、こういうときは「JRA-VAN」のパドック動画の出番で、いやあ便利だ。

で、思ったのだが、パドック動画があるなら返し馬動画があってもいいのではないか。以前から考えていたのだが、有料でいいのだ。返し馬を見たい希望者だけが見ればいいのだ。こちらの問題は、時間的な余裕がないこと。本馬場入場は発走の10分前程度であるから、それから始まる返し馬を映して「返し馬動画」で放映する時間的余裕がない。実施するとなると、編集する時間はないだろうから本馬場入場のときに場内テレビに映る画面をそのまま流すしかない。そうすると時には歩く馬が映るだけの映像が流れたりするから、返し馬動画ではなくなってしまう。ようするに「本馬場入場動画」というわけだ。なかなか難しい。

レースの話がいっこうに出てこないのは、今週は語るべき話題が一つもないからだ。とにかく全然当たらず、今週も土日ボウズで全治1ヵ月。なにか勝負レースに負けたとかなんとか明確な理由があればまだいいのだが、ずるずると土俵を割るように負け続けるのでは、手当てのしようがない。惜しかったのは小倉10R別府特別。7番人気の⑰ナインテイルズを軸に3連複をばらばら買ったのだが、その⑰がスタートと同時に飛び出して、いい感じなのだ。4コーナーでは外の3番手。しかもまだ伸びそうな手応えで、直線を向くと先頭の⑦フィドゥーシア(2番人気)に迫る勢いだから胸キュン。外から⑱キングハート(3番人気)がきて、あっという間に⑰はかわされるが、なあに、3連複なので3着に残ればいいのだ。「そのままそのまま!」「和田和田和田!」。この日は自宅でテレビ観戦なので遠慮なく叫んだ。2番人気と3番人気が抜け出しているから、たとえこのままの態勢で決まってもたいした配当ではないが、とにかくいまは当たりが欲しいので精いっぱい叫ぶ。テレビに向かって叫ぶのはなんと土日で初めてだ。よおし！と思わず言いそうになったゴール前、矢のように大外から一頭の馬が差してきて、⑰ナインテイルズと鼻面を揃えてゴール。なんだいまの？　それが15番人気の⑬ハイマウンテン。長い長い写真判定の結果は、⑰ナインテイルズがハナ差の4着。ふーん。たとえ⑰が3着に残ったとしてもたいした配当ではなく、この日の負けを取り戻すにはいたらないのだが、当たると外すのでは大違い。来週からの流れだって変わるかもしれないのに、それでもダメなのである。

WIN5は一発目でコケるし、ホントにいいところがない。もう私、おいつめられている。どうしたらいいのか皆目わからず、途方に暮れる夏の終わりなのである。

トウショウオリオンのこと

戦国時代の京都を舞台にした時代小説を読んでいたら「鷹ケ峰」という地名が出てきた。「鷹ケ峰」は、京都から丹波国、若狭国へと続く鯖街道の入口あたりで、京の伝統野菜の名産地と言われている地域である。そこにこうあったのである。

「当時悪党の巣窟であった鷹ケ峰あたりからでも出張ってきたのであろう」

そうですか。戦国時代は悪党たちの巣窟だったのですか。この「鷹ケ峰」という地名が目にとまったのは、競馬ファンならわかっていただけるだろう。JRAに「鷹ケ峰特別」というレースがあるからだ。現在は京都競馬場の芝1400mで行われているが、過去には1200mや1600mでも行われた。この「鷹ケ峰特別」を生で見たことが一度だけある。それが1997年だ。ちなみにこの年は芝1600mで行われている。勝ったのがトウショウオリオン。トウショウボーイ産駒の良血馬だ。記録を見たら、その前走が1番人気で8着。前々走が3番人気で14着。それなのに1997年のこの「鷹ケ峰特別」で2

番人気。どうしてだよお、と不満だった記憶が蘇ってきた。実はこの日、春の天皇賞が行われた日だ。勝ったのはマヤノトップガン。この馬とマーベラスサンデーの馬連にガッツンと勝負した私は、最後の直線でサクラローレルと熾烈な2着争いの結果、マーベラスサンデーが前に出たので、よおし、と思った。ところがマーベラスサンデーがなんとそこからサクラローレルに差し返されたのである。長距離を走ってきて、最後の直線で叩き合い、相手を一度は競り落としたのだ。それなのに再度差し返されるとは呆然。サンデー産駒はステイヤーではないと最初に実感したのがこのレースであった。トウショウオリオンが勝ってくれた「鷹ケ峰特別」の儲けはこれで全部吹っ飛んでしまった。

トウショウオリオンの思い出はもう一つある。翌年の7月18日、私が初めて阪神競馬場に行った日のことだが（その年は小倉競馬場が改修工事のため、7月の阪神で代替競馬が行われた）芝1600mのサマーSに出てきたので、それはもうしこたま馬券を買うと、3番人気で13着。それは珍しいことではないからいいのだが、問題はその翌週、トウショウオリオンが連闘で出てきたことだ。前週に13着に負けた馬であるからそのときは12番人気。まったくの人気薄であった。それで雨降る阪神をすいすいと逃げ切ってしまった。それが1998年の北九州記念（当時は芝2000m）である。この先の記憶が少し曖昧だ。なぜ私はこのレースの馬券を買わなかったのか。まず一つは、まだ関東で阪神の馬券を買えなかった可能性がある。東西のメインレースの相互発売が始まったのは１９９４年だが、１９９８年の北九州記念は小倉の代替競馬であるから、つまりは夏競馬である。東西のメインレースの相互発売が夏の間も続いていたなら、絶対に私は買っていただろう。その間はお休みだったのか。もう一つは、私がトウショウオリオンの出走に気づかなかったのか。それも十分に考えられる。私が覚えているのは、トウショウオリオンが勝って、その馬連が万馬券であることを知ったとき、おいおい、と思ったことだけである。「鷹ケ峰特別」は、私にとって、このように「トウショウオリオン」「北九州記念」につながっている。

あれから20年近くがたっているが、私の馬券はまったく進歩がない。今年の夏競馬は、特に後半の６週はひどい目にあってしまった。なんとその後半戦だけで全治８ヵ月である。もう立ち上がれない。しかし夏競馬の最終週にヒントがあったので、そのことを書いておく。２回新潟11日目の２Ｒだ。２歳未勝利の芝２０００ｍ戦だが、パドック中継を見ていたら、⑤ヴァンクールシルク（鞍上は戸崎）の気配がいい。その時点では2番人気（最終的には3番人気）。相手も1番人気の⑨アルーフクライ（鞍上はデムーロ）でいいような気がする。困ったのはその馬連が6倍強であること。いくら堅いと思ってもそういう低配当馬券は買わない主義である。なぜならそういう馬券を買いだすと、どんどん購入額が増えていくからだ。とても危険なのである。そこで、⑤を1着、⑨を2着に固定して、３着を3点買うことにした。5番人気②メイスンブルーム、7番人気⑪トーホウカンタール、2番人気⑫ムーンザムーン。これを各1000円。オッズは順に、84倍、120倍、46倍。すると、戸崎が勝ってデムーロが2着。3着はいちばん安めの⑫で、3連単の配当は4600円。低配当馬券を馬券作戦の対象に選ぶのは危険なのだが、購入総額が3000円以内で、それで配当が5万円に近いなら、採用してもいいのではないか。その代わり、1着馬は返し馬やパドックで気配がいいこと、機械的に人気で選ばないこと――という要件が必要だろう。馬券作戦として万能ではないにしても検討に値する作戦ではないか、と思うのである。

ワイドを買え

パドックや返し馬で気配のいい馬がいたらたとえ上位人気馬でもそれを信じて買うのがいい——というのが先週の結論だったが、その2回新潟11日目を振り返ってみると、パドックの気配が目立った馬は私が3連単を仕留めた2Rの⑤ヴァンクールシルクを含めて新潟で5頭、同じ日の小倉で3頭、札幌で3頭。全部で11頭だったが、そのうち3着以内にきたのは4頭。11分の4ならいいじゃないかと思われるかもしれないが、その4頭のうち3頭は3番人気なのだ。それで結果が1着、1着、3着。さらに、新潟9Rと札幌11Rで選んだ2頭は1番人気だったのに両方ともに8着では、馬券作戦として成立しない。人気薄なのに激走したのは札幌10R札幌スポニチ賞の⑩ペイシャフェリシタのみ。7番人気で2着して3連複が250倍になったレースだが、この馬を1列目に置けば良かったのに、最初の段階では3列目。パドックの気配が良かったので2列目に昇格させるのが精いっぱい。このレースは前日検討の段階から、8番人気の⑯バシレウスライオンが不動の1列目であったので、これでは馬券は当たらない。⑩ペイシャフェリシタの複勝が560円ついたので、複勝にガツンと勝負すればよかったのだが、前日から3連複勝負ならここだ、と決めていたので、いまさら複勝勝負には変えられない。つまりパドックの気配がいいからといって、該当馬を全部買っていてはプラスにならないし、いつ当たるかもわからないから馬券作戦として成立しないのである。

たとえば秋競馬の開幕週、具体的には4回阪神2日目でパドックの気配が良かった馬は6頭。この日は他に中山で1頭で、全部で7頭と少なかったのだが、中山の1頭を除くとことごとく着外。それを順に列記すると、3Rの⑩スズカコメット（11番人気で10着）、6Rの②ニシノリンド（2番人気で9着）、⑤メイショウオニマル（3番人気で12着）、7Rの①マルクデラポム（6番人気で12着）、8Rの②アドマイヤデライト（5番人気で14着。ビリだ！）、12Rの⑮トウシンハンター（9番人気で12着）。11番人気で10着というのは仕方がないが（これは人気通りに走ったと言えなくもない）、6Rはショック。この2頭ともぴかぴかの度合いが違っていたのだ。このレースはダントツ人気の⑯ラヴアンドドラゴンがいたので（結果もこの馬が1着）、この3頭で鉄板だと思ったのだが（だから私はケン。低配当馬券は買いたくないのだ）、パドックの気配が超目立っていた2～3番人気の2頭がともに着外に負けるとは呆然。まったく競馬は難しい。

4回中山2日　12R　3歳上1000万下

着順	予想	枠番	馬番	馬名	性齢	斤量	騎手	タイム	着差	通過順	上り	人気	単勝オッズ	体重増減	厩舎
1		❽	⑯	ヒカリマサムネ	牡6	57	江田照	1.10.9		9 12 13	外36.3	⑪	43.4	464－6	南 池上弘
2	△	❺	⑨	ビービーサレンダー	牡3	55	伊藤工	1.11.0	¾	9 6 5	中37.0	⑤	10.5	484＋10	南 久保田貴
3		❶	②	アドマイヤスパーズ	牡6	57	丸山元	1.11.0	鼻	⑯ 13 11	中36.2	⑬	57.3	490－6	栗 中尾秀
4	◎	❻	⑫	スミレ	牝3	53	吉田隼	1.11.1	1½	8 9 8	外36.8	④	7.4	444＋4	北 加藤征
5	○	❷	④	キャプテンシップ	牡4	57	田中勝	1.11.1	首	2 2 2	内37.9	②	4.3	524＋8	栗 森　秀
6	◬	❶	①	ドラゴンゲート	牡4	57	田辺裕	1.11.6	3	1 1 1	内38.5	①	2.9	486＋10	南 小西一
7		❹	⑦	オルフィーク	牝4	53	原田和	1.11.7	首	2 3 3	中38.4	⑨	34.7	488－12	南 小桧山悟
8		❼	⑬	ツインキャンドル	牝5	55	嶋田純	1.11.7	頭	9 16 16	中36.6	⑩	37.0	458＋2	北 手塚貴
9		❼	⑭	クリプトスコード	牝3	51	木幡初	1.11.8	½	⑥ 8 7	中37.7	⑫	50.7	494－4	南 田島俊
10	△	❹	⑧	スノーレパード	牝5	52	木幡巧	1.11.8	鼻	⑭ 16 15	外36.7	⑧	34.0	472＋4	南 黒岩陽
11		❻	⑪	ネイティヴコード	牝5	53	井上敏	1.11.8	鼻	2 4 4	中38.3	⑮	97.3	516＋16	北 伊藤圭
12	△	❽	⑮	スモーダリング	牝4	53	伴　啓	1.11.9	¾	16 13 13	外37.1	⑥	16.8	496　0	北 高柳瑞
13	▲	❸	⑤	スリラーインマニラ	牡3	55	蛯名正	1.12.0	½	⑬ 9 8	中37.8	③	5.2	446＋4	南 武井亮
14		❺	⑩	ロマネクイーン	牝6	55	武士沢友	1.12.2	1¼	12 9 11	中37.9	⑯	154.5	468－4	南 小野次
15		❸	⑥	ジョリーアップ	牝4	55	嘉藤貴	1.13.1	5	7 6 8	中39.1	⑭	62.0	488－2	南 斎藤誠
16		❷	③	ベストリーダー	牝5	55	大野拓	1.13.7	3½	2 4 5	内40.2	⑦	32.8	470　0	南 中舘英

単⑯4340円　複⑯870円　⑨350円　②1090円　　ブリンカー＝⑬⑪⑩
馬連⑨―⑯18730円㊻　　枠連❺―❽5020円㉓
馬単⑯―⑨46070円114　３連複②⑨⑯222410円322
３連単⑯⑨②1824150円2048
ワイド⑨―⑯5130円㊽　②―⑯15650円92　②―⑨6580円56

ということがあったので、この日の中山12Rで②アドマイヤスパーズの気配が目立ったからといって、買い目の中には入れなかった。なにしろ16頭立て13番人気の馬である。こんな馬が飛び込んでくるほど競馬は甘くはないだろう。このレースの私の馬券は、５番人気⑨ビービーサレンダーを１着と２着に置く３連単フォーメーション。最近はときどきこういう買い方をする。いまでも基本は３連複フォーメーションなのだが、最終レースになると３連複の配当ではもうマイナスを挽回できないので、３連単にするのだ。その⑨ビービーサレンダーが４コーナー４～５番手から先頭をうかがうように伸びてきたから胸キュン。最後の直線で⑨の前にいたのは④キャプテンシップ。おお、この馬は持っている。あとは何がくればいいんだと思って見ていると、大外からものすごい脚で差してきたのが⑯ヒカリマサムネ。あっと言う間にこの馬が全馬を差し切って先頭に躍り出てしまった。④をかわした⑨が2番手。⑯を1円も買っていなかったので、⑨が2着に上がったところで馬券は外れ。ふーんと思っていると、最後の最後に馬群を縫って内からぎゅいーんと伸びてきた馬がいる。なんだあれは、と思う間もなく⑨と鼻面を揃えたところがゴール。それがなんとなんと、パドックで気配の目立っていた②アドマイヤスパーズだったのである！　嘘だろ。写真判定の結果は②アドマイヤスパーズはハナ差の3着であった。

1着の⑯ヒカリマサムネが11番人気、2着の⑨ビービーサレンダーが5番人気、3着の②アドマイヤスパーズが13番人気だったので、3連単はどかんと182万。1着の⑯を買ってないので、その3連単も、22万の3連複も逆立ちしても取れないが、私の本命⑨とのワイドが6580円。これならゲットできていたのではないか。パドックで②アドマイヤスパーズが気になったとき、念のために私の軸馬とのワイドを1000円買っておけば、配当は6万5800円になったのだ。いいじゃん、それで。1090円の複勝を取ってもこの日の負けを穴埋めできないが、6580円のワイドなら十分である。しかしこれも、レースが終わってから思うことにすぎない。いったいどうしたらいいのか、途方に暮れる初秋なのである。

空気読めよお大知

日々、反省すべき点が多い。今週の反省その1は、4回阪神4日目の2R。2歳未勝利の芝1600m戦だが、札幌の新馬戦をクビ差2着した⑮ロードコランダムが4番人気であることに気づいてムムっときた。パドック中継の時点では、その単勝が8倍（最終的には6・4倍）だったので、単勝をまず1000円。最初はそれだけのつもりだったが、1番人気⑫ハッシュタグとの馬連が10倍もつくことに気づいて、この馬連を1000円。待てよおれは⑮の単勝を買ったのではないか。それなら馬単も1000円（こちらは23倍）。結局、合計3000円を投入した。全部当たれば朝から4万だ。これくらいで勘弁してあげよう。すると、⑮は全然伸びずに11着。相手の⑫も先行したものの失速して3着。予想と全然違うのである。レースが終わってから、そうか、いまのは予想ではなく、妄想であったことを知るのである。

反省その2は、4回中山4日目の6R。これが今週いちばん悔しかった。3歳未勝利の

4回中山4日　6R　3歳未勝利

着順	予想	枠番	馬番	馬名	性齢	斤量	騎手	タイム	着差	通過順	上り	人気	単勝オッズ	体重増減	厩舎
1	▲	❼	⑮	アクート	牡3	56	柴山雄	2.01.9		12 2 2 中	34.8	⑩	23.4	430−8	北 宗像義
2	◬	❼	⑬	ウインガーネット	牝3	54	戸崎圭	2.02.2	1¼	⑮ 4 3 中	35.0	①	3.5	490−2	北 鹿戸雄
3		❶	①	クードヴァン	牝3	54	柴田大	2.02.6	2½	5 11 10 外	34.7	⑥	13.5	466+6	北 鹿戸雄
4	△	❷	③	レッドバルトーク	牡3	56	丸田恭	2.02.7	¾	15 16 11 内	34.4	⑨	19.7	448+2	南 大竹正
5	◎	❽	⑰	スギノグローアップ	牡3	56	田辺裕	2.02.8	½	7 5 5 外	35.4	④	11.0	480−6	北 伊藤大
6	○	❽	⑱	エターナルブーケ	牝3	54	石橋脩	2.02.8	鼻	4 2 3 中	35.7	②	3.6	458+6	北 堀 宣
7		❼	⑭	ライトリーチューン	牝3	51	木幡巧	2.02.8	首	2 5 5 内	35.4	⑧	15.5	450−4	南 牧 光
8	△	❽	⑯	ディクタム	牡3	56	丸山元	2.02.9	¾	10 8 8 外	35.3	⑤	11.9	458−8	北 木村哲
9	△	❺	⑩	ジェネスローズ	牝3	54	川田将	2.03.0	首	7 5 5 中	35.6	⑦	13.7	412+2	北 木村哲
10		❻	⑪	タイタンアルム	牝3	54	勝浦正	2.03.0	鼻	1 1 1 内	36.2	⑬	82.4	540+6	南 黒岩陽
11		❹	⑦	ミニョンレーヌ	牝3	51	菊沢一	2.03.2	1¼	12 13 14 外	35.2	⑫	47.2	458+16	北 国枝栄
12		❸	⑥	カルマフォース	牝3	54	蛯名正	2.03.6	2½	12 16 15 内	35.4	⑪	40.7	472+2	北 田中清
13		❻	⑫	ワイドチキチータ	牝3	51	野中悠	2.04.0	2½	5 8 8 中	36.4	⑯	160.6	426+6	南 武井亮
14		❸	⑤	ウインクロノス	牡3	56	松岡正	2.05.3	8	2 8 11 内	37.6	⑭	84.0	458+4	北 上原博
15		❷	④	フィルバート	牝3	52	北村宏	2.05.5	1	⑰ 14 16 中	37.4	③	8.3	498	北 藤沢和
16		❹	⑧	ルックオブラヴ	牝3	54	黛　弘	2.05.6	¾	9 11 11 中	37.8	⑮	147.0	460−4	南 黒岩陽
17		❶	②	ニシノタカラモノ	牡3	56	草野太	2.21.7	大	⑩ 14 17 内	53.6	⑰	276.6	508+18	北 杉浦宏
18		❺	⑨	シャンティエン	牡3	56	杉原誠	2.26.0	大	⑱ 18 18 内	55.4	⑱	355.7	480−2	北 加藤和

単⑮2340円　複⑮650円　⑬160円　①360円　ブリンカー＝⑰⑩
馬連⑬―⑮6200円㉒　枠連❼―❼1450円⑥
馬単⑮―⑬16030円�61　3連複①⑬⑮27120円�86
3連単⑮⑬①201230円587
ワイド⑬―⑮2200円㉔　①―⑮5340円�53　①―⑬990円⑪

芝2000m戦だが、私の本命は10番人気の⑮アクート。未勝利戦を4着、6着と差のない競馬をしているのに人気がなさすぎる。今度はステイゴールド産駒が得意とする中山2000m戦なのだ。ここで狙わなければ狙うときがない。そこで、⑮を1列目に置いた3連複フォーメーションを購入。2列目は③レッドバルトーク、⑥カルマフォース、⑯ディクタムの3頭。この3頭の人気は順に、9番人気、11番人気、5番人気である。人気薄を1列目に置く場合の2列目は上位人気馬にする、というのがマイルールなのだが、このレースは上位人気馬が怪しい気がしたのだ。3列目に7頭（このうち3頭は1～3番人気）置いて合計で24点。さらに、馬連をばらばらと2600円。これで合計が5000円である。⑮は後方からのスタートだったが、向こう正面で一気にまくり3コーナー手前でもう2番手。さらに4コーナーで先頭に躍り出たから胸キュンである。4コーナーで外の4～5番手にいた1番人気の⑬ウインガーネットが2番手で、このままの態勢で決まればもちろん馬連は当たるけれど、できれば3連複も当てたい。すると、インをさばいて伸びてきた③レッドバルトーク（この馬は2列目だ）がするすると3番手に上がってきたので、「そのままそのまま！」と叫んだが、すぐに外から①クードヴァンが鋭く伸びて③をかわして3着。おお、ばかばか。なんでジャマするんだよお大知。シゲ坊なら「空気読めよお」と言うところだ。1列目→3列目→3列目では、3連複は当たらない。結局当たったのは6200円の馬連が200円のみ。私がショックだったのは、3着が6番人気の①であるのに、3連複が270倍もついたことだ。仮に9番人気の③が3着であっても3連複は350倍しかつかないのである。その差はわずかだ。マイルールにしたがって2列目に上位人気馬を置いておけば、この270倍は簡単にゲットすることができた。もちろんいちばんいいのは、⑮の単勝を1000円、複勝を2000円。1番人気⑬ウインガーネット（鞍上は戸崎）との馬連とワイドを各1000円。これで合計5000円というコースだった。こうしておくと、単勝2340円、複勝650円、馬連6200円、ワイド2200円で、合計がなんと12万。それなのに私が手にしたのは1万2000円。予想は当たっているのに、なんと10分の1にすぎないとは馬券下手である。

今週の反省その3は、阪神の最終レース。3歳上1000万下のダート1800m。私の本命である2番人気⑦マウントハレアカラ（鞍上はデムーロ）から、②カレンマタドール（10番人気）、⑤ハギノスノーボール（7番人気）、⑨クリノリトミシュル（4番人気）、⑫スワーヴカイザー（3番人気）の4頭に馬連を買ってから、⑦を1着に固定した3連単。相手も馬連の相手にした4頭だけでいいような気がしたものの、1番人気の⑯ナオミベガス（鞍上は浜中）が怖くなったので、この馬を足した5頭を2～3着に置いてみた。これで20点。ただし、1番人気への馬連は買わず、3連単の⑦の2着バージョンも買わず、あくまでも1着だけ。すると、⑦マウントハレアカラ、後方からのスタートだったがゆっくりまくって4コーナーでは先行馬群の直後につける。直線を向くと1番人気の⑯ナオミベガスが先頭に躍り出て、そこに⑦が伸びてくる。1番人気馬に2番人気馬が迫っている図だから、競馬場やウインズにいたらとても叫べないが、自宅で観戦なので思い切り「差せ差せ差せデムーロ」と叫ぶときっちり差して1着。2着は浜中、3着は⑨で、3連単は9440円。⑯との馬連は買ってないので、当たったものの5000円投入して配当が2倍にもなっていない。だったら馬連など買わずに、⑦を1着、⑯を2着に固定して、ヒモ4頭に各1000円の3連単だけを買えば、予算4000円で配当が9万4400円。これでいいではないか。そう思わないか友よ。

本年ワーストの負け！

「出てますよ」とオサムがターフビジョンを指さすので何だろうと思って顔を上げると、私の上半身の写真がターフビジョンに大きく写っていた。いやだなあ。その日はグリーンチャンネルで私がゲストになった回の競馬場の達人が放映される日で、その告知であった。阪神競馬場の5階Cシートの机にはモニターがないので（数年前にBシートからCシートに名前が変更されるときに、モニターが撤去され、500円値下げになった）、前日の土曜日もその日曜日も、意識していなかったのだが、あらためて告知を目にすると、恥かいちゃったよなあという気持ちになる。指定席にモニターがあれば、チャンネルはいつもグリーンチャンネルに合わせるので、数回は告知を目にしたのかもしれないが、机にモニターがないおかげで、告知を見たのはターフビジョンのその1回だけ。10年ぶりに新潟競馬場に出掛けたことは当欄でも触れたが、そのときは日曜の出来事しか書かなかった。実はその前日、「競馬場の達人」の収録をしていたのだ。というよりも、7月末の土曜日に新潟競馬場で収録することが決まったので、「君も来ないか？」とオサムを誘ったのである。私は土曜の朝から収録だが、夕方には解放されるので、土曜の昼から競馬場に来たオサムとタクシーで市内に戻り、翌日は一緒に新潟競馬を楽しむという計画をたてたのである。新潟に行けば全10場制覇になるので行きたいと以前からオサムは言っていたのだ。

指定席をネットで予約購入して出掛ければ、灼熱の新潟も怖くはない。コースとスタンドの位置が近すぎるのでレース観戦には不向きな競馬場だが（ようするに見にくい）、それを除けば、指定席に入れればとの条件つきではあるけれど、米は美味しいし、新潟はいいところだ。もうあれから2ヵ月近くたっているが、どういうふうに負けたのかは記憶に鮮明である。あのときにこうしておけば、ということが随所にあるのだ。まあ、いつもそうなんだけど。帰京してからその放送を見たが、ずっと一日中無口だった記憶があり、それじゃあ番組が成立しないだろうし、悪いことしたなあと思っていた。ところが、やっぱり相手はプロなので私がぼそぼそと呟いたことをきちんと拾ってつなげているから、自然な流れになっている。番組の最後のほうで金がなくなり、市内まで戻るタクシー代がもうないから出しておいてくれる、市内に戻ったらATMでおろして返すから、とどこかに電話をかけている私の姿が映っているが、あの電話の相手がオサムである。

今週はそのオサムと久々に阪神競馬場に出撃した。2013年の暮れ、有馬記念の週に出掛けたとき以来だ。その前年もオサム、藤井君、私の3人で阪神に出撃し、全員が勝って盛り上がったが、2013年はみんな外れ、静かな酒を飲んだことを覚えている。京都競馬場へは毎年行っているが、阪神競馬場はあれ以来である。だから2年と9ヵ月ぶり。久々なもんで、大阪駅で迷い、地下街で迷い、すごいな大阪は。仁川駅前の弁当屋がなくなっていて、時代の変化を感じるが、そんなことはどうでもよろしい。それどころではないのだ。

今週の悪夢の始まりは、土曜阪神の3R。3歳未勝利のダート1200m戦だが、その返し馬で超ぴかぴかの馬を発見したのである。8番人気の⑬アリエルバローズだ。前走がコンマ2秒差の5着、前々走がコンマ3秒差の3着。しかも競馬エイトの調教欄ではトップに掲げられている。それなのに8番人気なのだ。ここが初ダートの一戦だが、ハーツクライ産駒なら悪くはない。鞍上は浜中である。牡馬にしては444キロとやや小さいのが気になるが、単勝23倍、複勝4~7倍ならイクべきだろう。そこで単勝を1000円、複勝を5000円。あとはワイドを4点。まず1番人気の⑭ヴィクトリアマンボに3000円、③ランスタン（6番人気）、⑧テイエムサンピラー（7番人気）、⑫オースミマルス（3番人気）の3頭に各1000円。合計1万2000円。前日検討ではまったく買う予定のなかったレースなのに、いいのかお前。どこかでそんなことを囁く小声も聞こえてきたが、しかし、あんな超ぴかぴかの返し馬を見せられると我慢できない。

その⑬アリエルバローズ、何着だったと思いますか。見せ場なく10着！　ショックだったのは、1番人気の⑭ヴィクトリアマンボは勝ったものの、ヒモ3頭がことごとく惨敗したこと。順に言えば、12着、8着、7着だ。土曜の朝からこんな負け方をすると、もう止まらない。はっと気がつくと日曜の最終レースになっていて、そこまでの負けが積もり積もって全治3ヵ月。一日の負け額としては本年ワースト。その間、どんなレースがあったのか、まったく覚えていない。日曜の夕方、いつもの新梅田食堂街の飲み屋でオサムとグラスを傾けながら、あの土曜の3Rさえなければ絶対に違う流れになっていただろう、とひたすらそのことを考えていた。

「ン」の法則が大復活

土曜の夕方に、たそがれのトシキからメールがきた。中山阪神の全レース、つまり24レース買って12レース的中したというのだ。しかも阪神は12レース中8レースが的中というから驚く。このおやじはいつも全場全レース買うのだが、半分の12レースを的中というのはすごい。しかし、トシキらしいのはこの先で、その結果の収支は、プラス1800円。12レース当たってプラスが86万とかだったら、コノヤロと言いたくなるが、プラス1800円というのは心が和んでくる。おそらくいつもの通りに、トリガミのラッシュだったのだと思われる。「こういう競馬を心底愉しめる人間性を養えるか否か。不肖トシキ、老境の課題です」と書いてきたが、いいんじゃないかなあそれで。

自慢じゃないが私、今週も土日ボウズだった。その前の週も、阪神で土日ボウズ。4日間で一本も当たっていないのである。たとえトリガミでも、プラス1800円でも、4日間ボウズより絶対にそちらのほうがいいと思う。どうやったらそんなに当たるのか、教えてもらいたい心境である。がっくりうなだれていたら、日曜の夕方、オサムからメールがきた。日曜中山最終で馬連と3連複を当てたというのだ。中山最終は、内房S。準オープンのダート1800mハンデ戦である。1着②ロンドンタウン（2番人気）、2着⑥センチュリオン（6番人気）、3着⑨クラウンシャイン（4番人気）で、馬連は3850円、3連複は8670円。いいじゃん、このくらいの配当をしっかり仕留めるのは羨ましい。この段階でもまだ私、気がつかなかった。オサムの次のメールを見て、ようやく「なるほど」と気がついた。彼は「ン」の法則で馬券を買ったのである。ずっと以前に当欄で書いたが、忘れている人がいるかもしれないので書いておく。

オサムは開催最終日の最終レースだけ、馬名の末尾に「ン」のつく馬を買っているのである。最後に「ン」のつく馬は、最終日の最終レースにふさわしいとのことで、オサムが編み出した馬券術なのだ。この日は阪神の最終に3頭、中山の最終に4頭いたので、該当馬の馬連と3連複を買ったという。阪神は馬連300円、3連複100円で計400円。中山は馬連600円、3連複400円で総計1400円。すると、阪神は⑥コクスイセン（3番人気）が勝ったものの、あとの2頭はどこにもこなかったので外れ。ところが、中山がヒットしたわけだ。たった1400円の投資で配当が1万2520円というのは素晴らしい。人の馬券術というのは忘れるもので、年に一度小倉競馬場でミー子と会うとき、いつもは忘れている「後漸進馬券術」を思い出す。オサムの「ン」の法則も、横でオサムが買っていれば思い出すが、離れていれば全然思い出さない。そういうもんである。そうか、「ン」の法則が久々にヒットしたのか。するとオサムが「コレで凱旋門賞を少し買ってみます」とメール。凱旋門賞のことをすっかり忘れていた。それではおれも買ってみようとチャレンジしたが、まったくの外れ。国内の馬券が当たらないやつに、外国競馬の馬券など当たるわけがない。

今週惜しかったのは日曜阪神9R兵庫特別のみ。1番人気の①シュペルミエールで堅い鞍だが、問題は馬券の買い方である。熟慮の末に、①を1着に固定、⑥サトノエトワール（4番人気）を2着に固定、3連単の3着流しを買うことにした。ヒモは②スリーヴェローチェ、③スワーヴアーサー、⑤エアカーディナル、⑦ヴォージュ、⑨デンコウインパルス、⑪ダンディーズムーン、⑬エトランドルの7頭。オッズは順に、300倍、60倍、96倍、115倍、150倍、800倍、98倍である。これを100円から1000円までばらばら買ったら合計が4300円。なんだか半端なので、あと200円追加しようと思った。候補は、⑩サトノバリアントと⑫ケージーキンカメ。しかしどっちとも決められない。2頭に各200円買うと、総額が4700円になり、また半端な額になる。あと300円足したくなる。それではキリがない。面倒だから4300円のままでいいやと投票。これをあとで悔やむことになる。

⑥サトノエトワールがポンとハナを取り、逃げたのである。①は中団だが、じわじわと詰め、4コーナーでは外の5番手くらい。逃げた⑥の鞍上の手が4コーナーで動いたのでひやっとしたが、なんとかもたせるから外国人騎手はやはり頼りになる。あとは北村が差すだけだと思って見ていると、きっちりと⑥をかわすから万全。①↓⑥の態勢が完成なのである。さあ、これでもう大丈夫。そう思うのは当然だが、3番手に上がってきたのが、最後の最後に迷ってやめた⑫ケージーキンカメ。ばかばかお前はだめだめ、と言っても遅すぎる。3連単は、6万4420円。最後の200円をここに入れればよかった。終わってから気がついたのだが、4300円を馬単①↓⑥に入れていれば、払い戻しは7万弱。

それでもよかったじゃん！

この楽しさが続きますように！

「ジョッキーベイビーズに出た子供たちで、その後、ジョッキーになった子っていないんですかね」とオサムが言うので、手元のチラシを見ると今年で8回目だという。ということは、第1回のジョッキーベイビーズに小学6年生で出場した子も、いまでは20歳になっているということだ。私らが知らないだけで、すでに騎手としてデビューしたり、競馬学校に入学していても不思議ではない。聞いたことないけど。福岡からやってきたオサムは「ここは当然、九州地区代表の上薄龍旺くんを応援しますよ」と言う。私は昨年勝った北海道地区代表の大池崚馬くんの応援だ。まだ連覇した子はいないのである。その歴史を塗り替えてほしい。最終レースが終わってから30分近くがたっているのに、意外にお客さんが残っていて、スタート前には拍手が起こる。私はGI競走のときに拍手したり新聞を振ったりするのが嫌いなのだが、このジョッキーベイビーズは別だ。みんな、地区予選を勝ち上がってここにいるのである。その努力と幸運に拍手したい。レースはぽんと飛び出した九州地区代表の上薄龍旺くんが勝利。北海道地区代表の大池崚馬くんは残念ながら負けてしまったが、立ち上がって拍手。怪我せずに無事ならいいのだ。それがいちばんだ。ジョッキーベイビーズを見ているととても素直な気持ちになる。

今週は3連休を利用してオサムが福岡から上京。土曜は、たそがれのトシキに、ひげもじゃのカオル、そして出目買いのシマノといつものメンバーが集まってオサムの来るのを一般席で待ち、最終レース終了後にいつもの酒場で打ち上げたが、気のあった仲間と飲むのはホントに楽しい。こうやって楽しく遊べるのもいつまでかなあ。あと2～3年かもしれないなあ。思わずそう呟くと、「それ、数年前にも言ってましたよ」とオサムに言われてしまった。実は私、70歳になったのである。まったく信じられない。70歳といえば、もうおじいちゃんではないか。自分がいつの間にかそんな年齢になっているとは驚く。トシキとカオルとシマノの3人組は、私より5歳下なので65歳。おお、彼らもおじいちゃんだ。いちばん若いオサムが36歳。私らの子供の年齢と言っていい。そういえば、オサムは私の長男と同い年だ。競馬という趣味が一致しなければ、こんなに一緒には遊ばないだろう。夏の5週間に4回遠征したときも全部一緒だったし、ついこないだは一緒に阪神に行った。春の府中の開幕週と安田記念と、それと今週はオサムが上京したので、今年はこれまで7回もオサムと一緒に競馬場に行っている。親子ほど歳が離れているというのに、ここまで行動をともにしているのは、趣味が一致していることと、その遊び方が似ていること。つまり思想と世界観が一致しているからだ。

私も歳なので、地元の東京以外はできれば並ばずに指定席に入りたいから、最近はインターネットで購入することが少なくない。しかしそれでも入れないことがあり、そういうときは仕方なく、いまでも早朝から並ぶことになる。そのときに、思想と世界観が一致していると楽なのである。オサムはどんなに朝が早くてもいいのだ。実は私もそうで、指定席に確実に入るためなら、早朝出撃も辞さない。つまり私にとってオサムはとても得難い競馬の友なのである。遠征の夜、軽く飲むと私はいつもホテルに引き揚げるので、もう少し飲みたいと思っているかもしれないオサムには申し訳ないと思っている。カオルたちと一緒の福島遠征などは、私が二次会に行かずにホテルに戻っても、他のメンバーがいるからオサムはもう一軒飲みに行けるけれど、私と二人だけの遠征では、私がホテルに戻ってしまうと彼は一人になるから、そこで飲みは中止。ホントに申し訳ない。もっとも今年の福島では、ホテルに戻ろうとするとトシキが「おれも帰る」と追いかけてきた。そうか、彼も歳取ったんだ。そのオサムも36歳なら、これから結婚という事態もありうるだろうから、そうなったら今年のように遠征続きの生活は送れないだろう。あと数年だな、というのは私の年齢の問題だけでなく、これはオサムの問題でもある。そういう年齢や生活の変化はごく自然のことであり、やむを得ない。そうやってみんな、変わっていくのだ。いままでもそうだったし、これからもそうだろう。でも蜜月が続くのがあと数年だからこそ、いまを楽しみたい。そう思うのである。

競馬は土日の2日間だけ、というのが当初の予定だったが、ジョッキーベイビーズを見た日曜の帰り道、「明日どうする？」と尋ねると、「明日も来ます！」と言うので、「よし、じゃあオレも来る！」と、結局は3日間朝からフル参戦。日曜は私の70歳の誕生日だったので、メインの毎日王冠で馬連⑦⑩を冗談で買うと、本当に的中。低配当だったけど、なんだか嬉しかった。神様、この楽しさが一日でも長く続きますように。

ギンゴーは返し馬がいつもいい

土曜日にカオルから面白いメールがきた。この日はカオルの66歳の誕生日だったのだが、すべてのレースで枠連の6－6を買ったというのだ。JRA3場の枠連6－6は全部で30レースあり、それをすべて100円購入したというのだが、面白いのはこの先。千葉、宇都宮、富山、防府、函館の競輪も開催していて、6－6を売っている（8車以上）全レースを買ったというのである。この競輪が38レース。さらに、地方競馬の盛岡、高知、佐賀、帯広ばんえいの4場でも枠連6－6が存在する（11頭以上が出走する）レースの数は、盛岡4、高知7、佐賀1、帯広ばんえいゼロ。つまり地方競馬は12レース。ここまですべて合計が80。投資金額は8000円というメールであった。結論を先に書いておくと、当たったのは東京8Rの3320円のみ。一本でもそんな配当の馬券が当たったのならすごいが、夕方きた結果を知らせるメールの末尾には次の一文が書かれていた。

「悔やまれるのは、馬単3－4、571倍や、馬単8－2、840倍があったこと。私がきょうで34歳、82歳になったのなら取れていたのに、残念です」

日曜日に70歳になった私がメインレースで⑦⑩を買うと、馬連800円がヒットした話は先週に書いたけれど、考えてみれば、70歳はあと1年続くのである。今年の誕生日だけでなく、71歳になる来年の誕生日がくるまで1年間買い続けるのはどうか。GIだけならたいした出費にはなるまい。と思ったが、先週ヒットしたのはGIではなく、GⅡの毎日王冠であったことを思い出すと、2週目から突然GIを買うのはヘンだよな。と秋華賞の馬連⑦⑩を見送ると1着10着。おお、買わないで正解だった。来週からどうするかは考え中。

それにしても返し馬診断はホントに難しい。この日、つまり4回東京5日目は、まず1R（2歳未勝利の芝1600m戦）の⑦タイセイサルートの単複に各1000円入れると、6番人気で10着。まったく見せ場なく負けるのでこれですっかり自信をなくしてしまった。次の東京2R（2歳未勝利のダート1600m戦）で、大外の⑯アシャカセルクル（10番人気）の返し馬が素軽くても買わなかったのはそのためである。何も朝から金を捨てることはあるまい、と思ったのだ。ところがこの⑯アシャカセルクルが2着に踏ん張るから競馬はわからない。その複勝は480円。5番人気⑩ピアノイッチョウとの馬連が1万2370円。1番人気から5番人気まで馬連を5点買えば、的中していたことになる。

ということで次の出動は東京5R。3歳上500万下のダート1300m戦だが、5番人気⑫ギンゴーの返し馬が素軽いので、この馬から馬連を6点買ったのである。4点でいいような気もしたが、人気薄で気になる馬もいたので、えいっと点数を増やしてみた。で、ゴール前、ほとんど馬連⑧⑫で決まりかけたのである。馬連オッズは30倍強だから、2Rの万馬券には及ばないが、これで十分。「そのままそのままそのまま」と叫ぶと、後ろからすごい脚で⑩ブレヴェスト（6番人気）が差してきた。ばかばか田辺のばか、と言う暇もなく、あっと言う間に私の軸馬をかわして、その田辺の馬が2番手に上がってゴール。軸馬が3着では1円にもならない、と思った瞬間、いや、このレースは3連複も買っていると思い出した。おお、ナイスな選択だ。ところが、急いで投票履歴を調べてみると、⑫ギンゴーを軸にした3連複の相手に、1着の⑧ツウローゼズ（3番人気）はいても、⑩ブレヴェストがいない。3連複を買うという選択は良かったが、ヒモ選びは全然ナイスではない。せめて⑫ギンゴーが2着なら馬連だけでも当たったのに、と終わったことをぐじぐじと考えるのである。

これはいくべきだろうと思ったのは東京メインのアイルランドT。この返し馬で、⑥サトノラーゼンが超素軽かったのだ。実は前日検討の段階ではまったく買う気のなかった馬なのだが、あんな返し馬を見せられたら我慢できない。ずっと不振続きだが、ダービー2着馬がこのままでは終われない。この返し馬からは完全復調だろう。返し馬一発でそう信じてしまった。もう1頭、返し馬が素軽かった③レコンダイトとの馬連をいそいで調べると、20倍強。昔ならこの一点にがつんといったよなと思うのだが、もうそういうバカなことはやめたので、馬連③⑥にそっと3000円だけ入れてみた。結果は⑥サトノラーゼンが3番人気で4着、③レコンダイトが6番人気で8着。ふーん。4着なら復調したと言えるんだろうか。その判断が難しい。

この日の東京最終は神奈川新聞杯。この返し馬で素軽かったのは⑤スターオブペルシャと⑬アルジャンテ。1番人気と2番人気だ。その馬連が9倍ちょっと。そんなもの買えるか、と蹴飛ばすと⑬→⑤できまって馬連が920円。返し馬に翻弄された一日であった。

3連複1点予想が的中！

菊花賞が終わったので、そろそろ帰り支度をしようかと指定席の机の上を整理しながら「今日の成績はどうだったの？」とオサムに尋ねた。ゴール前で「ありがとう！」というオサム独特の声援がなかったので、ボウズかなと思っていたら、「何本か取ったんですが」と言う。えっ、そうなの。それにしては静かだったなと思うと、「いや、安い配当だったんで」とオサム。京都2Rの470円、東京3Rの940円、新潟4Rの1720円、新潟7Rの2880円の4本を仕留めたというのだが、馬券の種類が異色。なんとすべて3連複の1点買いだというのだ。この青年は私同様に、しょっちゅう馬券の買い方を変えているのだが、全レース（新馬戦も障害戦も）で3連複の1点買いとは大胆だ。36レースあるわけだから、トータルで36倍取ればチャラ。それ以上なら浮き。3連複の1点買いなど当たるんだろうかと思ってしまうが、前日は30倍のバックで、マイナス6。この日はトータル60倍で、おおプラスだ。なんだか面白そうだ。じゃあ、最終レースは東西ともにケンの予定だっ

4回東京7日　12R　3歳上1000万下

着順	予想	枠番	馬番	馬名	性齢	斤量	騎手	タイム	着差	通過順	上り	人気	単勝オッズ	体重	増減	厩舎
1	▲	❺	⑤	ロングシャドウ	牡6	57	江田照	1.34.8		2-1-1	内35.6	⑦	34.5	512	0	北宗像義
2	◎	❻	⑦	ワンブレスアウェイ	牝3	53	戸崎圭	1.35.1	2	4-4-4	中33.9	①	1.7	470	−12	南古賀慎
3		❽	⑪	センセーション	牝5	55	松岡正	1.35.3	1¼	3-3-3	内34.9	⑤	21.8	490	0	栗矢作芳
4	△	❷	②	トーセンラーク	牝4	55	横山典	1.35.7	2½	7-8-8	内33.5	⑥	22.8	478	+2	南菅原泰
5		❻	⑧	インストアイベント	牡6	54	菊沢一	1.35.8	½	7-7-7	中33.9	⑧	39.4	486	+8	南菊沢徳
6	○	❸	③	キングカラカウア	牡4	57	内田博	1.36.0	1¼	5-5-5	中34.6	②	5.7	504	+2	北加藤征
7	△	❶	①	レーヴデトワール	牝5	55	石橋脩	1.36.1	½	10-10-10	内33.6	③	5.9	464	+2	栗斉藤崇
8	△	❼	⑨	デルカイザー	騸5	57	柴山雄	1.36.1	頭	9-9-8	中33.8	④	7.4	478	−4	北藤沢和
9		❼	⑩	タカラジェニファ	牝5	52	藤田菜	1.36.1	鼻	1-2-2	内36.3	⑩	51.0	474	+2	北伊藤正
10		❺	⑥	レオフラッパー	牝4	55	大野拓	1.36.2	¾	12-12-12	外**33.4**	⑪	85.0	472	−2	北杉浦宏
11		❽	⑫	ベルプラージュ	牝5	55	吉田豊	1.36.3	½	11-11-10	外33.8	⑨	48.7	470	+16	北尾形充
12		❹	④	サマーラヴ	牡5	55	井上敏	1.36.5	1¼	5-6-6	外34.9	⑫	125.9	456	0	南小野次

単⑤3450円　複⑤490円　⑦110円　⑪420円　　ブリンカー＝⑪⑨
馬連⑤—⑦2080円⑦　　枠連❺—❻1500円⑥
馬単⑤—⑦6930円㉒　３連複⑤⑦⑪10180円㉛
３連単⑤⑦⑪109950円246
ワイド⑤—⑦900円⑩　⑤—⑪4930円㊳　⑦—⑪650円⑧

たが、私もその「3連複1点買い」をやってみよう。

で、京都最終の大山崎特別を検討していたら、「東京のほうが先ですよ」とオサム。この時点で締め切り5分前。まず、上から下までぐりぐりと重い印がついている⑦ワンブレスアウェイは当確。「穴を狙うとか、そういう発想は持たないんです。買い目を決めるまではオッズも見ません」と幾つか注意点をオサムに聞いたので、オッズも見ず、人気も知らずに急いで検討する。もともと買う気のなかったレースなので、十分な検討をしていない。だから新聞をさーっと見るだけ。熟読していたら、おそらく⑤ロングシャドウは買えなかっただろう。しかしただいまは急いでいるから細部の検討はできない。逃げるこの馬が面白そうというだけのことで、2頭目も決定。残すは最後の1頭だが、どうしてこのとき、⑪センセーションに目をつけたのか、あとでいくら考えてもわからない。あるいはこの

⑪も逃げそうな馬なので、ぱっと目に入ったのかもしれない。つまり私の結論は、⑤⑦⑪の1点である。これを1000円買おう。問題は、急いでタブレット端末の投票画面を呼び出そうとしても、接続できなかったこと。GⅠの日はいつもそうなのだが、午前中は接続できても午後になると、特にGⅠが近づくと、Wi-Fiが必ず接続できなくなる。ああ、これではだめだと、あわててマークカードに書き込み、馬券発売機に走った。

実は前日、最終レースを買おうとしたら残高が予想よりも多かったのである。ヘンだなあと思って投票履歴を見ると、その日はボウズのはずだったのに、京都8Rの馬連が当たっているのでびっくり。土曜京都の8Rは500万下の芝2200m戦で、11番人気の④デルマオギンが勝ち、8番人気の②ストンライティングが2着、9番人気の⑦ヴァーサトルが3着で、3連複が18万弱、3連単が150万強という結果だった。その馬連がなんと3万3200円。それが100円的中しているのだ。なに、これ？　買った記憶のない馬券だから狐につままれた気分。しばらくしてからようやく気がついた。その京都8Rは⑥ナムラヘイハチローの人気が知りたくて、馬連などのオッズを調べていたのだ。たぶんそのときに馬連②④を触ってしまったのだろう。で、いやこんなことをしている場合ではない、まだ京都7Rの馬券を買っていなかったと画面を京都7Rに戻し、買い目を決めて投票したのだが、そのとき全部で1800円のはずなのに画面には1900円と表示。ヘンだなあと調べてみたら、いちばん上の行が8Rの馬連②④100円となっている。そんなの買うつもりがなかった目だから削除しようと思ったのだが、それも面倒だからと、そのまま購入してしまった。そのまさかの馬連が的中しちゃっていたのだ！

日曜日に3連複1点予想が買えなかったのはこのように土曜にツキを使ってしまったからだろう。馬券発売機に走って何度もマークカードを入れたのだが、入らないのだ。締め切りのベルが聞こえなかったので、まだ時間はあると思っていたのだが、知らない間に時間切れ。まあ、3連複の1点買いなど当たるわけがないからなと思って、穴場の上のモニターでみると、⑤が大逃げを打ち、どうやらそのまま逃げ切り態勢である。おいおい、本当かよ。ゴール前の時点で2番手にいたのは⑩タカラジェニファ。そのあとが結構ちぎれているから、後ろの馬では届かない。じゃあ、いいやと思ったら、鋭い脚で追い込んでくる馬がいて、それが1番人気の⑦。しかも追い込んできたのはもう1頭いて、それがなんとなんと⑪。この2頭が⑩タカラジェニファをかわしたら私の3連複1点予想が的中である。おお、この先を書きたくない。なんと綺麗に2頭が⑩をかわしたのである。その3連複の配当が、100倍。おおおおお！

チャラでも楽しい

3連複1点買い、というのはなかなか難しい。たとえば4回東京9日目の3R。2歳未勝利のダート1400m戦だが、最初に選んだのは次の7頭。内から順に、②ドナペリドット、⑧ニシノキスミー、⑨ハンディマン、⑩ジュジョール、⑫パリファッション、⑭フジマサクイーン、⑯ウォーターメロン。人気は順に、6番人気、9番人気、1番人気、2番人気、8番人気、3番人気、4番人気。この7頭からまず3番人気の⑭フジマサクイーンを切ってしまった。パドックでずっとチャカついていたのだ。バツ印3回の法則でこれは切り。この瞬間に私の馬券は外れたのだが（この⑭が1着）、検討はまだ続く。次に切ったのは2番人気の⑩ジュジョール。前走の新馬戦では4コーナー11番手から上がり1位の脚を使って3着。それで今回は2番人気に支持されているのだが、こんな後ろからでは再度届くという保証がない（この馬が3着だったので、また外す）。これで残りは5頭。⑨は単勝1・5倍というダントツ人気だったので（パドックの気配も良かったし）、1頭目の軸はこの馬に決定したが、あと2頭が決まらない。そこで②ドナペリドットがキンシャサノキセキ産駒の初ダートであることに気づいたので、この馬を⑨の相手にして2頭軸にして残りの3頭に流すのはどうか、と考えた。3連複1点買いというテーマなのに、突然3点買いになってしまうが、とてもこれ以上は絞れないのだ。⑨の1頭軸にして相手4頭に流す手もあるが、そうすると3連複は6点。これは多すぎる。2頭軸にすれば、その6点が半分の3点になるのだ。これくらいなら許されたい。3連複を絞って買うという考え方には賛成するが、どうも私に1点買いは無理なので、せめて2点～4点くらいにして狙いたいというのが本音。もっとも、東京3Rの結果に見るように、当たらないときは何点買っても当たらないから、競馬はホントに難しい。1着⑭フジマサクイーン（3番人気）、2着⑯ウォーターメロン（4番人気）、3着⑩ジュジョール（2番人気）という結果で、馬連1万300円、3連複1万5320円の配当がついたのは（2～4番人気の3頭が、1～3着したにすぎないのにこんなにつくのかよとびっくり）、単勝1・5倍というダントツ人気の⑨ハンディマンが着外（8着）に消えたからだろう。

この日のヒットは、東京4R。2歳の新馬戦（芝1400m戦）である。買うつもりのなかったレースだが、暇なので返し馬でも見ようかなと双眼鏡を構えると、⑩ビルズトレジャーの気配がちょっと気になった。超ぴかぴかというわけではないのだが、見ちゃったものは仕方がないとこの馬の単複を各1000円。1番人気⑨ダークプリンセスと、4番人気⑥マーベラスワンの2頭に馬連を各1000円。これで合計が4000円。どうしてこのとき、この3頭の3連複を1000円でもいいから買わなかったのだろう、とあとで悔やむことになる。4000円が5000円になるだけじゃないか。出せよあと1000円。言い訳になるが、返し馬を見てから急に馬券購入を思い立ったのである。もうあまり時間がないのだ。急いで⑩ビルズトレジャーの単複のオッズを調べ（そのときに単勝は15倍くらいだった）、馬連オッズを調べ、それで購入がぎりぎりセーフ。いつも3連複を買っている人なら、真っ先に3連複を買ったかもしれないが、3連複1点買い、というテーマは今週から始めたばかりなのである。フォームがまだ身についていない。それをあとで悔やむのは、この3頭で決まったからである。

その3連複がなんと5700円。1000円買っておけば、5万7000円ではないか。ホントに悔しい。しかし単複、馬連とゲットしたので、これは嬉しかった。4コーナー手前で5～6番手だった⑩ビルズトレジャーは、直線を向くと逃げた1番人気⑨ダークプリンセス（鞍上はルメール）と叩き合ってクビ差1着だからエライ。その単勝は1920円、複勝390円、馬連3930円を全部ゲット。4000円の投資が、6万2400円になったわけだが、ここに3連複の5万7000円を足せば、いくらになるんだ。さらに馬単の

９１７０円と、３連単の４万６３７０円も足せば、おお、計算できない！　馬単も３連単も買うつもりはなかったが、机上の計算ではそれらも全部ゲットできたことになる。

　この日は東京７Ｒの３連複３９４０円を３点買いで仕留めたが、それらの浮きを全部天皇賞に突っ込んでチャラ。とても楽しい一日だったが、反省すべき点も多い。その第一は低配当の３連複は買うのか買わないのか、まだフォームを決めていないことだ。たとえば新潟９Ｒの３連複は7倍で、これは最初の私の予想通りだったが、こんな低配当は買えないと買い目を変更して外してしまった。はたしてこれでいいのか。そういうことも今後は決めていかなければならないだろう。３連複の奥はなかなかに深いのである。

3連複作戦もむずかしい

ＪＲＡ競馬博物館（東京競馬場内）で、「ハイカラケイバを初めて候」という展示を10月から行っている。根岸競馬場開設１５０周年記念だそうだ。古い話は大好きなので早く行きたかったが、秋の府中が始まると馬券が優先になるので、なかなか行く時間が取れない。4回東京が終わり、例によってボロ負けして、はっと冷静になったので、覗きに行くことにした。というよりも、ここで冷静になるためにＪＲＡ競馬博物館に行くことにしたと言ったほうが正確かも。

そういえば突然話が飛んでしまうが、「競馬ワンダラー」の第1シーズンの再放送が知らない間に始まっていた。ずっと以前当欄で書いたけれど、これはグリーンチャンネルで放映していた、全国の競馬関連施設やその跡地を訪れるドキュメンタリー番組で、こういうのは大好きだ。その存在に気がつくのが遅すぎたので、その大半は再放送（再再再放送なのかもしれないが）で見たのだが、第1シーズンだけはなかなか再放送していなかったのである。いや正確にいえば、私が気がついた時点ではなかなか再放送しなかったというだけで、以前には何度も再放送していたのかも。今回も気がつくのが遅すぎて、最初の何回かは見逃してしまった。そうしたら「競馬ワンダラー」のMC浅野靖典と、井上オークスが九州をまわる旅打ち競馬放浪記という番組の告知を見た。グリーンチャンネルの「水曜馬スペ」なのに金曜に放映するということは、これも再放送なのか。いつから始まっていたんだろう。旅打ちよりは競馬関連施設の跡地をめぐるドキュメンタリーのほうがいいんだけど、すっかり浅野靖典のファンになってしまったので彼が出ているならこれも見たい。

話が飛んでしまった。「ハイカラケイバを初めて候」という展示の話である。今回おやっと思ったのは、作家紹介の項で、何冊か本が展示されていた。その中に、吉川英治の『かんかん蟲は唄う』と『忘れ残りの記』があったのである。そうか、吉川英治を忘れてた。実は数年前、馬に関する本究極のブックガイドと副題のついた『活字競馬』（白夜書房）という本を上梓したのだが、そこで吉川英治を取り上げなかったのである。吉川英治は馬主だったのだから、競馬に関する書がないわけがない。前者は自伝的小説で後者は自叙伝。この中に競馬に関する記述がある。菊池寛を取り上げなかったのは確信犯だが（あまりにも有名な書は省いたのだ）、吉川英治は紹介すべきだった。すっかり忘れていたとはうかつである。

なかなか競馬の話にならないのは、例によって語るべきことがないからにほかならない。今週も３連複作戦だ。この号から当欄を読む人もいるかもしれないから少しだけ説明しておくと、以前の私は３連複フォーメーション作戦を実施していた。穴馬を１列目に置き、人気馬３頭を２列目に置き、３列目は穴馬５〜６頭。これで15〜18点になる。で、万馬券を狙うという作戦である。単位は１００円。１レース２０００円以内ならいいだろうとやっていたのだが、これがあまり当たらないのだ。で、競馬友達が３連複1点買いという作戦を実行しているのを見て、私は１〜２点買い作戦を始めたのである。１０００円の２点買いなら、これも1レース２０００円である。ただし、こちらは狙うゾーンが10倍から20倍。20倍がヒットすれば配当は２万。ということは、３連複フォーメーション作戦で２００倍を１００円当てることと結果的には等しい。２００倍の万馬券を当てるよりも、20倍を当てるほうが簡単だ——と思えることがミソ。実は、これも簡単ではない。

たとえば5回東京2日目の１Rで、３連複８１０円をゲットし（これは1点買い）、続けて京都３Ｒの３連複１４２０円を2点で取ったときには、人生楽勝だあ、と思った。８１０円とか１４２０円ということは、上位人気馬の組み合わせだが、それをいかに絞って取るかがキモ。たとえば京都３Ｒ（2歳未勝利のダート１８００ｍ戦）は、⑦ブルベアラクーン（4番人気）と、⑫ブルベアパンサー（3番人気）を軸にして、④ショウナンハドル（2番人気）と⑤メイショウヤエヤマ（1番人気）の2頭に流したのだが、⑦と⑫は同馬主であるから競り合うはずがないとの予測通り、逃げる⑫の直後に⑦がつけて、そのまんま回るのである。直線を向いて⑫が⑦を突き放して圧勝。2着も⑦で決着し、あとは3着だけ。向こう正面で⑦の横にいた④は4コーナー手前で早々と脱落したが、4～5番手にいた⑤が直線を向いてから3番手に上がってきて、完成。これで1420円はおいしい。なんだよ簡単じゃん、と思ったが、午後になるとさっぱりでこの日に当たったのはこれが最後。そこで今週の反省は、3連複1～2点買いは、午前中の荒れそうにないレースでのみ実施すること。福島ではやらないこと（人気薄が飛び込んでくるから対応できない）。

では、午後はどうする？　それはこれから考えよう。

人気薄が激走した日

返し馬で見つけた馬が激走することは少ないが、時には大激走することもある。しかしそのことと、馬券を当てることはまた別だから、競馬はホントに難しい。たとえば5回東京4日目の2R。2歳未勝利のダート1600m戦だが、この返し馬で目に飛び込んできたのは③セガールモチンモクと、⑩オルファリオン。前者が13番人気、後者が5番人気。このレースは前日検討の段階から、①バスカヴィルと⑫キャプテンキングで堅いと思っていたレースで、この2頭を軸に3連複を買うつもりでいた。相手は当日のパドックや返し馬などから決めるつもりでいたのだが、パドックで特に目立つ馬もなく、結論は返し馬に持ち越されていた。その結果が前記の2頭なのだが、13番人気の③セガールモチンモクは問題外だろう。単勝200倍を超える馬なのある。こんな馬は滅多にこない。ずいぶん前のジャパンカップの日の新馬戦で、単勝150倍の馬が勝ったことがあるが、返し馬の直前まで60倍くらいだったから、例外中の例外である。

5回東京4日　2R　2歳未勝利

着順	予想	枠番	馬番	馬名	性齢	斤量	騎手	タイム	着差	通過順	上り	人気	単勝オッズ	体重増減	厩舎
1	◎	❶	①	バスカヴィル	牡2	55	戸崎圭	1.37.4		⑦-5-5	中37.0	①	1.3	476+6	(北)二ノ宮敬
2	◬	❻	⑫	キャプテンキング	牡2	52	野中悠	1.38.1	4	13-12-10	外**36.9**	②	7.0	484+6	(北)加藤和
3		❷	③	セガールモチンモク	騸2	55	大庭和	1.38.2	首	10-7-7	内37.6	⑬	211.5	470+2	(北)粕谷昌
4	▲	❹	⑦	ドルフィンキック	牡2	55	柴田善	1.38.3	½	2-2-2	内38.3	⑥	17.9	474+2	(南)大江原哲
5	○	❸	⑤	ハノハノポーイ	牡2	55	菅原一	1.38.7	2½	1-1-1	内39.3	④	15.3	494+2	(南)武市康
6	△	❽	⑮	キャプテンワイルド	牡2	55	横山典	1.38.8	½	5-7-8	外38.1	⑦	40.5	492+2	(南)田島俊
7		❷	④	ジャストヒーロー	牡2	52	菊沢一	1.39.0	1½	7-7-8	外38.3	⑯	253.0	462+2	(南)柴田人
8		❺	⑩	オルファリオン	牡2	54	石川裕	1.39.5	3	3-3-3	中39.4	⑤	15.5	520−4	(北)国枝栄
9		❹	⑧	アスカショウダイ	牡2	55	内田博	1.40.1	3½	15-16-16	中38.0	⑪	108.3	442+4	(北)本間忍
10		❺	⑨	ラヴブロッサム	牝2	54	柴山雄	1.40.3	1½	9-12-10	内39.1	⑫	207.6	446+16	(南)田村康
11	△	❽	⑯	ジェイケイマヤヒメ	牝2	54	勝浦正	1.40.4	首	16-15-14	中38.8	③	13.2	474+8	(北)的場均
12		❸	⑥	ウインベザント	牡2	55	松岡正	1.41.2	5	4-3-4	内41.0	⑮	235.4	430−6	(南)奥村武
13	△	❻	⑪	コスモキバレ	牡2	55	大野拓	1.41.4	1½	10-10-10	中40.3	⑨	75.7	468 0	(北)高橋博
14		❶	②	キョウエイガウディ	牡2	55	藤岡康	1.41.5	首	⑤-5-5	中41.1	⑧	55.0	494 0	(南)中川公
15		❼	⑬	コスモアツミサン	牡2	55	アッゼニ	1.44.8	大	14-12-14	外43.3	⑩	94.1	472 0	(南)松山将
16		❼	⑭	シゲルイノシシ	牡2	55	江田照	1.45.1	1¾	12-10-13	中43.8	⑭	231.7	464−2	(南)萱野浩

単①130円　複①110円　⑫140円　③1890円　　ブリンカー＝⑩
馬連①—⑫420円①　　枠連❶—❻360円①
馬単①—⑫450円①　３連複①③⑫29220円㉒
３連単①⑫③61260円147
ワイド①—⑫200円①　①—③4960円㊳　③—⑫20830円㊹

今年の夏に新潟に行ったとき、それは「競馬場の達人」の収録日であったのだが（具体的には、2回新潟初日）、その7Rで、18頭立て18番人気の⑫ジュリアスという馬が3着に激走したことがある。このときの単勝が296倍だった。このレースの返し馬で素軽かったのは、3番人気の③プラトリーナと、この⑫ジュリアスだった。「3番と12番だな」と呟いて席に戻るシーンが放映されたので、ご記憶の方もいるかもしれない。レースの結果は③が1着、なんとなんとその⑫が3着。この2頭のワイドが1万6380円（⑫ジュリアスの複勝は6510円だった）。これを黙って1000円でも買っていればあんなに負けることはなかっただろう。しかし、単勝296倍の馬が返し馬が良かったくらいで激走したなんてことは、これまでの経験で一度もないのだ。よりにもよってテレビの収録の日に矢のように飛んでくるとはなあ。そのときに比べれば今回は最低人気ではなく、200倍を少し超える程度だが、鞍上の大庭は強い返し馬をすることでも知られているので、あまり信用ができない。そこで①⑫の相手に、5番人気の⑩オルファリオンを選択するのは大人の判断として当然だろう。この3連複のオッズは14倍。これを1000円だけ買うことにした。1000円の2点買いで総額2000円というのが今週からのマイルールなので、このとき①⑫の相手に、③と⑩の2頭を選べばよかったのだと、あとになって後悔する。どうして⑩だけにしたのか。①が1着、⑫が2着、③が3着の3連複が、2万9220円。おいおい。

続く東京3R（2歳未勝利のダート1400m戦）で、⑤タツジンソクの素軽い返し馬を見たとき、コノヤロと思って買ってしまったのは、この東京2Rの③セガールモチンモク後遺症だろう。またまた13番人気の馬だが、今度の単勝は140倍弱。さっきは200倍超えがきたんだから、このくらいなら怖くない。と思ったら、⑤タツジンソクは7着。そんなに甘い話はないのだ。しかし一度人気薄が激走した日は、しつこく追いかけるのも私のやりかたで、次のチャンスが8R。3歳上500万下のダート1400m戦だが、この返し馬で目に飛び込んできたのは、①ミッキーオフィサーと、⑥シュルーバックと、⑪フラマブル。4番人気、8番人気、11番人気の3頭だ。このレースは2番人気の④コンドルヒデオで堅いレースで、相手探しだったのだが、そこで、①④を固定して、⑥⑪の2点買いにした。前者が230倍、後者が430倍。これを各1000円。①がどこにもこなかったので冷静に見ていたが、もしも軸の④から返し馬が素軽かった①⑥⑪の3頭に馬連とワイドを買っていれば、興奮したに違いない。

先行していた⑪が直線を向いて先を行く⑮ゼロカラノキセキを競り落としたのである。ゴール50m手前ではこの11番人気の馬が先頭だった。単勝を持っていれば、「津村津村津村」「そのままそのまま」と絶叫していたに違いない。そこに外から④コンドルヒデオと⑦ブレヴェスト、さらには⑩メイスンスパートが差してきた。1～3番人気の3頭である。⑪も譲らず、見応えのあるゴール前の攻防だった。4頭が横一線のゴールだったが、1着が④、ハナ差で⑦と⑪が2着同着、さらにハナ差で⑩という大混戦レースである。もしも④から、返し馬で素軽かった3頭に馬連とワイドを買っていれば、馬連④⑪が7740円、ワイド④⑪が3350円をゲットしていたことになる。3連複を①④の2頭軸ではなく、④⑦にしていれば（ようするに、2番人気の相手を4番人気の①ではなく、3番人気の⑦にしていれば）2万4210円の3連複も当たっていたことになる。

今週の教訓。一度人気薄の馬が激走した日は次も期待できるので要注意。ただし、馬券をゲットできるかどうかは別の話なので、あまり期待しないように！

こいアッゼニ！

単複のオッズは、出走馬がパドックに出てきてから、急激に上がったり下がったりする場合がある。パドックを見てから単複を買う人が多いのだと思う。正確にデータを取ったわけではないが、これまでの経験で言えば、急激にオッズの下がる馬はこない（かといって急激に人気を集める馬がくるかとなると、逆は必ずしも真ではない）。たとえば、最終レースに出走する馬の単勝が、昼の段階で16倍だったとする。これが3時に17倍になり、40分前に19倍になり、パドックから本馬場入場になって発走7分前に22倍、5分前に26倍、最終的には32倍になったとする。こんな馬はこない。どうしてこんなに克明に単勝オッズを確認していたかというと、5回京都5日目の最終レース（3歳上1000万下の芝1400m戦）に出走する⑥ビットレートがその日の勝負馬だと、シゲ坊が朝から言っていたからだ。彼からきたメールはこうだ。

「休養明けの前走は調教本数をこなしてきたが太目。内枠有利な馬場で外を回るロスが

5回京都5日　12R　3歳上1000万下

着順	予想	枠番	馬番	馬名	性齢	斤量	騎手	タイム	着差	通過順	上り	人気	単勝オッズ	体重増減	厩舎
1	▲	❻	⑩	ニシノラッシュ	牡4	57	浜中俊	1.22.2		3-2-2	中34.0	④	6.6	490+2	棘宮本博
2		❹	⑥	ビットレート	牝4	55	アッゼニ	1.22.4	1¼	4-5-3	中34.0	⑨	32.8	462-6	棘中内田充
3	▲	❺	⑦	スマートカルロス	牡4	57	池添謙	1.22.4	首	7-10-10	外**33.5**	⑥	12.0	476-8	棘浅見秀
4	◎	❺	⑧	ダノンシーザー	牡4	57	川田将	1.22.5	首	⑦-8-7	中33.8	①	3.4	472+22	棘池江寿
5		❷	②	レッドリーガル	牡4	57	福永祐	1.22.5	首	4-7-7	内33.9	⑦	14.0	478+4	棘笹田和
6		❸	③	エフェクト	牝4	55	国分優	1.22.5	鼻	①-1-1	内34.5	⑭	263.9	452-6	棘服部利
7	○	❸	④	ビナイーグル	牡3	56	和田竜	1.22.5	頭	7-8-10	中33.7	③	5.4	512+4	棘服部利
8		❻	⑨	ウェーブヒーロー	牡3	56	松山弘	1.22.6	首	⑪-12-12	内**33.5**	⑧	29.9	500+4	棘平田修
9	△	❼	⑫	ラッフォルツァート	牝4	55	幸英	1.22.9	2	12-10-7	中34.1	⑩	40.5	480 0	棘西園正
10	△	❽	⑭	キアロスクーロ	騸3	56	武豊	1.23.1	1½	14-14-12	外34.0	⑤	7.1	496+2	棘安達昭
11		❶	①	サントノーレ	牝4	55	松若風	1.23.2	¾	2-3-3	内34.9	⑬	123.9	488-4	棘村山明
11	△	❹	⑤	プレミオテーラー	牝4	55	Mデムー	1.23.2	同	⑭-14-14	中34.0	②	4.9	488+8	棘河内洋
13		❼	⑪	ネバーリグレット	騸3	56	柴山雄	1.23.2	首	7-5-3	中34.9	⑪	47.9	482-2	田木村哲
14		❽	⑬	マイアベーア	牡4	57	佐藤友	1.23.4	1	4-3-3	外35.1	⑫	116.8	470 0	棘西村真

単⑩660円　複⑩270円　⑥700円　⑦310円　　ブリンカー＝②
馬連⑥―⑩11510円㊲　　枠連❹―❻1460円⑦
馬単⑩―⑥18540円㊿　　３連複⑥⑦⑩35280円107
３連単⑩⑥⑦174310円507
ワイド⑥―⑩3180円㉞　⑦―⑩1370円⑱　⑥―⑦3850円㊲

あった。間をつめて調教強化した今回は絞れるだろうから変わり身があっていい。距離延長で前々の競馬なら勝ち負け」

シゲ坊の勝負レースは土曜に1鞍、日曜に1鞍。月に8鞍ある。当然のことだが、それが全部当たるわけではない。しかし菊花賞の前日、単勝60倍だったかの馬を推奨して当てたことがある。京都競馬場からホテルに戻る途中に、オサムが突然立ち止まり、「そうだ、シゲ坊の勝負レースが当たったんだ」と言ったことはまだ記憶に新しい。シゲ坊の勝負レースは必ずチェックしているが、そのときは忘れていたのだ。しかし今回は、朝から一緒に東京競馬場に出撃し、今日の勝負は京都最終ですよ、と何度も言われていたから、忘れるわけがない。⑥ビットレートの単勝オッズをずっと確認していたのはそのためだ。その単勝が17倍のとき、「これが20倍を超えたらやばいよ」と言ったのも、私の経験からそういう馬が飛び込んでくるケースが少ないからである。

もちろん、例外はある。古い例で恐縮だが、いまでも忘れられないのは、１９９８年の函館記念だ。このときのパルブライトの単勝は前日は20倍台後半にとどまっていたのに当日になるとじりじり下がり、最終的には45倍弱。こんな馬がきたなんてことは見たことないぞ、と思いながら、その単勝、さらには馬連と思い切り勝負したことが懐かしい。そのときのパルブライトは9番人気。前年の函館では巴賞を勝ち、函館記念で3着したものの、年を越してからはまったくいいところがなく負け続け、前走の巴賞でも9着。すでに旧馬齢で7歳の牝馬であったから「もう終わった」と思われても仕方がなかった。そのときは福島にいた。その日曜の昼休みに競馬場前から福島駅近くの銀行までタクシーを飛ばし、資金をおろしてきて穴場に突っ込んだのだ。いまはすぐ近くにＡＴＭがあって便利になっているが、当時は駅前まで行かなければ資金をおろせなかった。パルブライトが4コーナー後方から外を差してきたときの興奮はまだ覚えている。「こわたこわたこわた！」と何度も叫ぶと、斜め前にいたおばさんが、不思議そうな顔つきでこちらを振り返ったこともまだ覚えている。パルブライトは綺麗に全馬を差し切って1着。単勝４４９０円、馬連は5番人気のサクラエキスパートが2着で、1万７９５０円であった。3着が1番人気のアラバンサであったから、3連複や3連単を売っていればそれも簡単にゲットできただろう。

当時はそうやって、狙った馬をしつこく追いかけていた。

シゲ坊のビットレートも、爆弾ホースに抜擢した前走で、先行内有利な馬場で外枠が響いたこと、しかし直線目立つ伸びを見せたこと、ならば今回は馬場悪化で上がりがかかるだろうから、積極的に変わり身を狙おうというわけだ。しかもその日、福島2Rで10番人気の⑤ハイヴォルテージの単勝（3010円）を取り、福島6Rの3連複（なんとこれは◎○▲の順に入線だった）と、シゲ坊の予想は好調であった。オッズがどんどん下がるのはイヤだけど、パルブライトのような例外だってあるのだ。えいっ、いってしまえ。

⑥ビットレートはスタートと同時にポンと飛び出して5～6番手。4コーナーで先行馬群の直後につけて、さあ、ここからが本番だ。ここから伸びるか馬群に沈むか。ここが運命の別れ道。我慢できずにシゲ坊と一緒に叫んだ。「アッゼニアッゼニアッゼニ！」とターフビジョンに向かって連呼。こいアッゼニ。すると、先に抜け出した4番人気⑩ニシノラッシュに鋭く迫り、外から伸びてきた6番人気⑦スマートカルロスの猛追をきわどくしのいで2着。おお、お前はエライ！

馬連1万1510円は、ど本線で的中。本来なら3万5280円の3連複も、ど本線で的中しなければいけないが、こちらは相手をひろげすぎて少額の的中にとどまったのが痛恨。すごいなシゲ坊。楽しいぞ競馬。

佐賀競馬場からのメール

久々にジャパンカップを生で見たが、すごいですね。混雑ぶりが。特に帰りがひどかった。こんな混雑は久々である。府中本町から乗るのを諦めて府中駅まで行ったが、タクシー乗り場には空車が一台もなし。仕方なく遠回りして新宿経由で帰宅したので時間がかかること。正確な入場者数を知らないので何とも言えないが、実感で言えば、天皇賞の日よりも混んでいたのではないか。とても不思議なのだが、昔からずっと天皇賞よりジャパンカップのほうが人気がある。不思議だと思うのは私だけなのか。もちろん年によって違うだろうが、ジャパンカップより秋天のほうが私は好きだ。指定席がすべて当日売りだった最後の年の天皇賞のA指定の満席時間が深夜1時だったのに比べ、その年のジャパンカップのA指定の満席時間はその1時間前。A指定に関して言えば、昔からジャパンカップのほうが1時間だけ人気があるのだ。もっとも今年大変混んだとは言っても、ディープの菊花賞のときにはかなわない。あのときはあまりに人が多いので、京都競馬場の食堂で1時間酒を飲んで、帰りを遅らせたのである。それでも外に出ると駅前の道は超満員だった。1時間たっても人の波は途切れていなかったから、あんな混雑は見たことがない。

今年のジャパンカップで覚えているのはこの混雑ぶりともう一つ。前に座った青年の喜び方だった。午前中から安い配当で騒いでいたので気になっていたが、ジャパンカップのときの興奮ぶりがもう大変なのだ。「やったあやったあ」「おれ、すごい！」「サイコーサイコーサイコー！」と何度もガッツポーズするのである。あんなに喜んでいる人を初めて見た。それにしてもまだ11月だというのに寒く、いつもは2月開催のときにしか飲まない熱燗を飲んでしまった。先週は府中競馬正門前の浅野屋で朝、熱燗を飲んでしまったが、これもいつもは2月開催のときのパターンである。歳を取ると寒さがこたえるんだろうか。

おやっと思ったのは、午後2時過ぎにオサムからメールがきたこと。競馬場の写真が添付されている。なんだろうと思ったら、なんと佐賀競馬場にいるというのだ。佐賀競馬場？なんで？

「ねーさんが休みでしたので佐賀競馬場にきました」

オサムはユーちゃんのことを「ねーさん」と呼ぶ。もちろん、本当の姉弟ではない。さらにメールは続いていた。「先日の水曜馬スペでやっていたロイヤルルームに入ろうと思いましたが、この時間からきて2000円は高いと思い、500円の普通の指定席にしました」

その指定席から写したコースの写真も添付されていた。水曜馬スペというのは、グリーンチャンネルで放映していた「浅野×オークスの旅打ち競馬流浪記」のことで、佐賀競馬場に行ったときのことが放映されていたのである。あの佐賀競馬場か。佐賀競馬のパドックはなんと右回り。浅野靖典の説明では、その昔、武士が乗るときに刀が邪魔にならないよう馬の左側から乗ったことに由来しているという。博多から鳥栖まで25分（鳥栖から佐賀競馬場まで車で10分）だから、たしかにそんなに遠くない。私の家から東京競馬場に行くよりも近い。続けてきたメールには、ユーちゃんが何か持って立っている写真がついていて、「なんでも焼く店で、ねーさんは串焼きの豚バラとイカ焼きとイカ天を買いました。柔らかくておいしいと言っています」とあった。そうだ、このなんでも焼く店は水曜馬スペでも紹介されていた。あの店か。この日の佐賀競馬場ではジャパンカップの馬券を発売しているらしく（ただし、他のレースは売らず、モニターでは延々とジャパンカップのオッズを映しているという）、それでユーちゃんに誘われたのだろう。佐賀競馬の7Rの3連複は270円、3連単は470円というから、それもすごい話だ。しばらくしたらまた写真が送られてきて、「また食べてます」とオサムが報告してきた。写真は少し見づらいのだが、「なんでも焼く店の豚バラ大と餅と牛スジ天です。餅うまかーってかぶりついて食べてます」だって。なんだか楽しそうだ。

この日の佐賀10Rにダイワスカーレットの妹の子が出ていて、しかも鞍上が佐賀のリーディングジョッキー山口勲で、締め切り5分には単勝1・1倍。ダイワスカーレットを好きだったユーちゃんは興奮したらしいが、オサムの報告によると、3コーナーまで楽に逃げて先頭だったものの、短い直線で簡単にかわされて2着。府中競馬も難しいが、佐賀競馬も難しいようだ。

結局この日に何が起きたのかは、前の青年が何度もガッツポーズをしたこと、午後2時過ぎに佐賀競馬場にいるオサムからメールがきたこと、帰りが大変混雑したこと。この3つしか記憶がないのだ。あとは何があったのかなあ。

通過順が縦表示になった日

久々に中山競馬場に行ったら、キングシートの4コーナー寄りに「キングシート＋ｉ」という一郭ができていた。ようするに「ｉ－Ｓｅａｔ」端末が設置してある指定席で、ＩＣカードを利用してキャッシュレスで馬券を買うことができるというものだ。5回中山の初日に行ってみたら、土曜だというのに、おまけに通常のキングシートよりも4コーナー寄りで（だからレース観戦には正直言って不向き。ゴール200ｍ手前でレースを見ることに慣れている人には問題ないが）、しかも200円高い3000円なのに、190席が満席。はっきりした記憶はないが、土曜ならば通常のキングシートが朝から満席ということはなかったはずだ。それなのに、朝から満席ということは、4コーナー寄りの190席を「キングシート＋ｉ」にするというアイディアが成功したということだ。中山には知恵者がいる。この「キングシート＋ｉ」はいつできたんだろう。

問題は、初めての客には「ｉ－Ｓｅａｔ」端末の使い方がわかりづらいことで、一応説明書があるのだが、そこに書いていないことがたくさんある。数人の係員が立っているので、何かわからないことがあると来てくれるのだが、そんなに複雑なことを質問しているわけでもないのに、解決しないのである。そのたびに年配の男性係員が来て、教えてくれるのだが、その年配氏がいないとアウト。たとえば、途中で資金が枯渇したので、再度カードに入金しに行ったのだが、そのあとどうすればいいのか、どこにも書いていないので、穴場の近くにある相談カウンターの女性に尋ねると、そのカードをもう一度差し込んでくださいと言うだけ。私は、差し込んだあとのことを聞きたいのだが、そこから先はわからないのだ。しかもあとで思ったのだが、あれ、差し込まなくてもいいのではないか。まだよくわからないけど。いまは他の競馬場やエクセルなどで「i－Seat」端末を設置するところが増えてきているので、慣れている客が多いのかもしれないが、初めての客はあれでは迷ってしまう。細かなことを言うと、3連複の流し馬券を買うときの画面が、いつもI－PATで馬券を買うときと違うのである。これは年配氏を呼んで、買い方を教えてもらったが、私がいつもタブレットで買うときと違う方法だなということがわかっただけで、とっても不便。

しかししかし今週いちばんの驚きは、翌日曜日のメインレースの直前、カオルが送ってきたメールである。今週から通過順の馬番表示が縦になったというのだ。えっえっ、本当なの？　前日の土曜は中山にいて、その日曜日は自宅で朝からグリーンチャンネルを見ていたというのに、まったく気がつかなかった。ターフビジョンやモニターなどにレースの様子が映し出されるとき、画面の下に、先頭の馬、2番手の馬、3番手の馬、この3頭の馬番が横に表示されるのが通例だった。競走馬たちが右から左に向かうときは、いちばん左にある数字が先頭の馬だ。ところがコーナーを回って馬たちが左から右に向かうようになると、そのままの表示ではおかしくなる。先頭の馬の馬番が今度はいちばん右端にこなければおかしくなる。しかしそれまでいちばん左端にあった馬番を急に右端に持ってくるわけにもいかないから、そういう局面になると馬番表示はさりげなく画面から消えるというのが通例であった。あるとき、出目買いのシマノが「あれさ、横表示にするから、そういうことになるんだよ。縦表示にすれば、全然問題ないよね」と言った。本当にシマノの言う通りだ。いちばん先頭の馬番がいちばん上、2番手の馬番がその下、3番手の馬番がいちばん下。こういうかたちにすれば、右から左に走ろうが、左から右に走ろうが、その表示のかたちを変えなくて済む。こういうことはおそらく中央競馬の正史には書かれないことと思われるので、ここに記録として書いておく。2016年12月から、その通過順の馬番表示が縦表示に変わったと。シマノの呟きがJRA担当部局の耳に入ったとは思えないが、この改革は素晴らしい。

それからすぐに日曜のメインレースの実況が始まったが、レースを見るよりも通過順の馬番表示に注目。おお、本当だ！　縦表示だ！　恥ずかしながら私、その縦表示を見て、感動してしまった。土曜は、この日から短期免許で来日したフランスのシュミノーのおかげで（特に11番人気で2着した中京7R！）3連複を仕留めたものの、日曜は朝からずっと不発。やっぱり競馬は甘くないよなあとうなだれていたが、縦表示を見て元気になった。直接馬券には関係のないことだけど、事態が正しい方向に進む姿を見るのは大変に気持ちがいい。もっとも私が目撃したのはグリーンチャンネルだけで、全国の競馬場、ウインズなどのモニターも同様にその表示が変わったのか、まだ確認していない。全国の読者のみなさんに聞きたい。大丈夫でしたか。縦表示に変わっていましたか？

５００キロ以上の馬を買え

４回中京４日目の６Ｒ（３歳上５００万下のダート１４００ｍ戦）が終わり、しばらく新聞を見ているときに、あっと思った。このレースは９番人気の⑯シルバーポジーが勝ち、３番人気の⑫ディナスティーアが２着。それで馬連が５７００円となったレースだが、その２頭の馬体重はともに５００キロ超えなのである。冬場のダート戦は体重の重い馬を狙え、という格言を思い出した。しかもこのレースに出走した16頭のうち、５００キロを超えた馬はなんとこの２頭だけなのである。なんと簡単なことか。５００キロを超えた２頭の馬連を１０００円買うだけで、配当が５万７０００円！　しかもこの２頭の後ろに１番人気の⑤オールスマイルを足して３連単を買えば、それだけで３連単の配当が４万７４５０円。⑯と⑫のどちらが勝つのかわからないから、１～２着はこの２頭の裏表にして、３着に１番人気を付ければ３連単の投資は２０００円で済む。つまり合計３０００円の投資で、配当合計は10万超えである。おお、実に簡単だ。

で、急いで次の中山7R（3歳上500万下のダート1800m戦）を調べてみた。するとこのレースの出走馬で500キロを超える馬は6頭、のはずだったが、3ヵ月休み明けの⑮アポロリベリオンがプラス20キロで出てきたので7頭。そんなにいるのかよ。中京6Rは2頭だけだったから簡単だったが、7頭もいるのではどうしていいのかわからない。締め切りまでもう時間もあまりないから早く決めなければならないのに、ええい、困った。そのとき、どうして⑦ディアクーシー（4番人気）と、⑭クインズプルート（2番人気）の2頭軸にしたのか、あとから考えてもよくわからない。500キロを超える残り5頭に3連複流し。すると、500キロを超える馬が1〜3着を独占したのである。しかも私の軸馬の1頭⑭クインズプルートが2着。これで⑦ディアクーシーも一緒にきてくれれば私の馬券は当たりなのだが、⑦は8着。1着は⑬ヌーナ（7番人気）で、3着が⑫クロノスタシス（9番人気）で、3連単は9万8440円。これを仕留めるには7頭ボックスを買わなければならないから、これは無理だ（210点はできない）。しかし3連複の7頭ボックスなら買えたのではないか。35点買いで配当が、1万5350円。ちなみに馬連は2730円だった。

よおし、今日はこれだと、新聞を開いて各場各レースの500キロを超える馬探し。それでいろいろ買ってみたが、次のチャンスは意外に早く来た。中京9Rだ。3歳上

500万下のダート1900m戦だが、前走で500キロを超える馬は6頭いたのだが、マイナス14キロの馬が2頭いたので、この日の500キロ超えは4頭。内から順に、③ピッツバーグ（3番人気）、⑧コスモボアソルテ（4番人気）、⑩ウィーバービル（6番人気）、⑬ベストインザスカイ（14番人気）の4頭だ。このとき4頭の馬連ボックスを買えばよかった。そうすると、1着⑩、2着⑧で5430円の馬連がヒットしていた。それなのに私は⑩ウィーバービルに絶対の自信を持ち、この馬からの3連複流しにしてしまった。単勝（1220円）でも複勝（420円）でも、馬連（5430円）でもいいのに、わざわざ当たらないように馬券を買うのだから、想像を絶している。

500キロ作戦の経過報告をすると、古馬の500万下で実施すること、ダート中距離戦がいいこと、1~3着独占は少ないので馬連かワイドにすること、この3点がポイントになる。土曜に阪神3Rの未勝利戦と、中山6Rの新馬戦で「2歳戦の1~3着独占」が飛び出ているが（前者の3連複が1160円、後者の3連複が3670円）これは例外と考えたい。上級条件よりも下級条件のほうがいいのは、ちょっとしたことで着順が変わるクラスのほうがいいからである。ダート短距離戦よりも中距離戦のほうがいいのは、体重の違いが推進力の違いに出やすいからだ（いや、そんな気がするだけで本当にそうなのかはわからないけど）。冬の間はしばらくこれでやってみよう。3連複1点買いは難しすぎる。

2〜3点にしても難しいのだ。この500キロ作戦のほうが遙かにいい。

そう決心していたら、夕方カオルからメールがきた。彼は全レースのデータを取っているのだが、16頭以上出走のレースで「足し算」になっている3連複の目のうち、5－7－12だけが11月末まで出ていなかったという。それで、12月3日からずっと全場全レースで（じゃないな、16頭以上のレースだ）その3連複の目を100円ずつ買い続けたら、やっと日曜中山4Rでそれが出たというのだ。日曜の分も朝まとめて買ってしまったので、投資総額は800円。それで、日曜中山4Rの配当がいくらだったと思いますか？　これが何万もしたというのならコノヤロとなるところだが、カオルは善良な人間なのでそんなメールなら送ってこない。その配当は5820円。いい話だなあ。

オサムに神が舞い降りた日

5回阪神5日目の10R猪名川特別（3歳上1000万下の芝1400mハンデ戦）の最後の直線、逃げる⑦ムーンエクスプレス（5番人気）が粘りこむところに各馬が襲いかかってくる。ゴールまであと200mしのげるか、という局面である。ばたっと脚が止まって、後ろからくる馬にまとめてかわされる、なんてことはよくある。ここでしのげれば、ゴールまでしのげるだろう。いちばん大事な局面だ。そこでモニターに向かって叫んだ。「池添いけぞえ！」。すると横のオサムも叫ぶ。「IKEZOE池添！」。おお、お前も買ってるのか。よおし、二人で応援しよう。「イケゾエ！　そのままそのまま！」。私たちの声援が阪神まで届いたのか、⑦ムーンエクスプレスは他馬の猛追をしのいで1着でゴール。私は、単勝（1290円）と複勝（280円）だけの的中だが、オサムは馬連（2330円）と3連複（1万6680円）の的中。配当に差はあるけれど、二人で同じレースの馬券を取ったのは実に久々である。「いつ以来？」と尋ねると、「ゴールドシップが勝った有馬記念以来ですね」。なんと、2012年の有馬記念以来というから4年ぶりである。この4年間、何度も一緒に各地の競馬場に行っているのに、私もオサムもとにかく当たらないのだ。ボウズであることも珍しくない二人であるから、そんな二人同時に当たるなんて特に至難の業。その奇跡が起きたわけである。

今週は7月以来の中京遠征だったが、名古屋駅近くでホテルがとれず、豊田市の駅前ホテルに泊る。遠いんですね、中京競馬場から。もつ鍋屋がおいしかったから文句はないんですが。翌日はいつものように中京競馬場前駅近くの喫茶店に行くと、カオルとミー子が待っていて、日曜は4人競馬である。その店を出るときに全員のコーヒー代をオサムが払い、「それは悪いよ」とカオルが言うのを私が止めるという一幕がこの日の伏線だった。年下の人間におごられるなんて、社会人の常識としてできない、というカオルの気持ちもわかるのだが、私はオサムの親切の裏にある意図がわかるので、「おごりたいんですから、まあ、おごらせてあげてください」とカオルを止めたのである。競馬で勝ったやつがおごる、というのは当たり前だが、我々の間では勝つ前におごっちゃうという作戦があるのだ。朝とか昼におごると、なぜかその日にいいことがある、というのが私とオサムのジンクスなのである。ジンクスにすぎないから必ず勝てるというものではないが、いいことが起きてほしいという願いが、そこにはこめられている。だから、こういうときには黙っておごられていたほうがいいのである。で、本当にこの日、オサムにどえらい馬券が舞い降りたのだ。

その前に、ミー子が朝イチでゲットした馬券にもふれておく。5回阪神6日の1R、2歳未勝利のダート1400m戦だが、1着⑫ケンシン（3番人気）、2着⑦タガノヴェローナ（2番人気）、3着②ヴィグランドイチロ（12番人気）の3連複（535倍）をいきなり仕留めたのである。ミー子の馬券を見ると、⑦⑫の2頭を軸にして5頭に各100円流す3連複馬券だ。軸の2頭は上位人気だから、まあ、いい。しかし3着の②は単勝200倍を超える馬で、13頭立てのこのレースでブービー人気である。よくこんな馬を買えるよなと思って新聞をみたら、この馬の前走のところに「後漸進」とあった。ミー子が得意とする「後漸進馬券術」だ。「後漸進」を軸にしてそこから流すのではなく、ヒモの1頭に加えるという謙虚な姿勢がいいのかも。おそるべし「後漸進馬券術」。

オサムに神が舞い降りたのは、この日の中山10R南総S（3歳上1600万下の芝1200mハンデ戦）。9番人気の⑮トウカイセンスからほぼ総流しに近い馬連流しがヒットしたのだ。ハナ差の3着の②アルマエルナトがもし2着だったら、馬連は260倍にとどまっていたが、ハナ差で2着にくいこんだ⑧クリノタカラチャンが16頭立て15番人気の馬だったので、その馬連がなんとなんと、驚くなかれ、25万！　オサムはその前の阪神7Rでも、2着同着の馬単を2本とも仕留め、さらに中京12Rの3連複264倍、阪神最終

5回中山6日　10R　南総S

着順	予想	枠番	馬番	馬名	性齢	斤量	騎手	タイム	着差	通過順	上り	人気	単勝オッズ	体重	増減	厩舎
1		❽	⑮	トウカイセンス	牝5	53	吉田隼	1.08.9		10-9-9	中34.5	⑨	42.2	446	+2	栗野中賢
2		❹	⑧	クリノタカラチャン	牝6	50	野中悠	1.09.0	¾	12-11-11	内34.3	⑮	201.1	428	+2	北天間昭
3	▲	❶	②	アルマエルナト	騸5	54	勝浦正	1.09.0	鼻	16-16-16	外**33.9**	⑦	29.5	472	+10	北伊藤大
4	△	❺	⑨	ダイワダッチェス	牝3	53	戸崎圭	1.09.1	1¾	10-11-11	中34.5	①	1.6	482	+2	南菊沢徳
5		❺	⑩	クリノコマチ	牝5	51	伊藤工	1.09.1	鼻	2-2-2	内35.1	⑭	92.0	466	+8	南伊藤伸
6		❻	⑫	ユキノアイオロス	騸8	54	北村宏	1.09.1	鼻	8-3-3	中35.0	⑫	63.7	482	+4	北和田道
7		❹	⑦	カシノワルツ	牝6	51	二本柳壮	1.09.1	鼻	1-1-1	内35.1	⑯	213.3	454	+10	南二本柳一
8	▲	❼	⑭	デンコウウノ	牡5	56	鮫島良	1.09.1	鼻	8-3-6	中34.9	⑤	13.0	492	−10	栗渡辺薫
9	◎	❻	⑪	レーヴムーン	牡3	55	田辺裕	1.09.2	½	15-14-13	中34.4	②	5.9	470	−4	栗藤岡健
10	△	❼	⑬	ヴァイサーリッター	牡5	53	黛　弘	1.09.3	首	3-3-3	中35.2	⑧	35.7	482	0	南尾関知
11	△	❶	①	ファインニードル	牡3	55	蛯名正	1.09.3	首	3-3-3	内35.1	③	10.6	466	−4	栗高橋忠
12		❸	⑥	ゴールドペガサス	牡4	57	丹内祐	1.09.4	首	5-9-9	中35.0	⑥	15.7	476	+10	南佐藤吉
13		❷	④	クリノハッチャン	牝5	52	柴田善	1.09.4	首	5-7-6	内35.1	⑩	42.5	460	−10	北高市圭
14		❽	⑯	ボーダレス	牝3	51	木幡巧	1.09.5	½	14-14-13	外34.7	⑪	51.8	478	−2	北伊藤圭
15	○	❸	⑤	ウエスタンメルシー	牝5	54	松岡正	1.09.6	首	5-7-⑥	中35.3	④	12.4	462	0	南奥村武
16		❷	③	シャイニーガール	牝5	50	江田照	1.10.4	5	12-11-13	内35.7	⑬	77.1	480	−2	栗湯窪幸

単⑮4220円　複⑮1080円　⑧4640円　②850円　　ブリンカー＝⑦③
馬連⑧—⑮251060円118　　枠連❹—❽24330円㉝
馬単⑮—⑧444970円220　３連複②⑧⑮894900円487
３連単⑮⑧②4906160円2801
ワイド⑧—⑮45860円117　②—⑮7780円㊸　②—⑧20310円㊗

の3連複5830円とヒットを連発。この日のオサムは「神ってる」状態だった。朝のおごりが効いたのか、それとも別の勝因があったのかそれはわからないが、いやはや、ホントにすごかった。

私は500キロ作戦がようやく実って、阪神8Rの馬連9610円と、3連複1万4320円を仕留めたが、惜しい当たりを幾つか逃がし、プラスにはいたらなかった。しかしこの程度の負けで済み、しかも何度も叫んだのでとても楽しい中京遠征であった。台湾料理の味仙で、とても辛い台湾料理を食べながら、来年もよろしくねと言って我が競馬友達と別れたのであった。

「有馬記念タオル」は東京競馬場で売ってない

ＪＲＡの競馬場ではさまざまなグッズを販売しているが、その中にタオル類がある。そのタオルにもさまざまな種類があり、馬の顔が幾つも描かれたフェイスタオル（白と青とピンクの3種あり）をいちばん愛用している。肌触りがとても良いのだ。常に新品を10枚くらいストックしてあり、古くなって1枚捨てると新品を買ってきて補充、という繰り返しである。このフェイスタオル以外に買うのがマフラータオル。こちらは細長いタオルで、ターフィーショップよりも外のワゴンで売られることが多い。その日に行われる重賞の名称がプリントされているので、レース名タオルと言うべきか。夏の間はＧⅢでもレース名が書かれたタオルを販売しているが、それ以外の期間はＧＩの週のみ。「どうして普段は売らないのかなあ」と言うと、「夏以外にタオルを買う人が少ないんでしょうね」とオサムと会話したのは9月に阪神に行ったときだ。そうだ、タオルを買おう、と思ってワゴンを探したが見当たらず、どうして売らないのかとオサムに不満を言ったのである。「アルゼンチン共和国杯なんてレース名のタオル、欲しいけどなあ」。

このレース名タオルを買うと、中に三角クジが入っていて、A賞からD賞までさまざまな景品が当たる。A賞B賞C賞の景品が何なのかいまでも知らないが、D賞はボールペンだ。最近ではこのボールペンが欲しくてレース名タオルを買っている。なぜなら、そのボールペンにはレース名が刻印されているからだ。つまり「第○回ジャパンカップ」とか「第○回ダービー」とか、刻印されているのだ。今年の秋、喫茶店で打ち合わせしていたとき、私のボールペンを見て、「あ、菊花賞のボールペンだ。いいなあ」と若い女性編集者が言った。どうやら最近競馬を始めたらしい。そうか、そんなにウケるのかと次に会ったとき、ジャパンカップのボールペンを進呈したら（そのために自分の分と彼女の分の2枚購入したのだ）、びっくりするほど感激していた。喜んでもらえると嬉しい。実はレース名のボールペン刻印、昔はなかった。だからタオルを買ってD賞が出ると、ちぇっと思ったものだ。ちなみにこのクジは外れなし。最低でもD賞が当たる。いつだったかオサムがウインドブレーカーを当てたことがあり、「こんなのより、ボールペンが欲しいなあ」と呟いたことがあるが、その気持ち、よくわかる。レース名が刻印されるようになったのはいつからなのか、具体的にはわからない。私の記憶ではこの数年のような気がするが。こういうのはたぶん、JRAの正史にも残されないのだろうが、いいアイディアだと思う。私やオサムのように、それが欲しくてレース名タオルを買う客がいるのだから。

いつの年だったか、菊花賞の当日にタオルを買いに下に降りたら、もう売り切れだったことがある。それからは必ず土曜に買うことにしているが、「小倉記念」とか「アイビスサマーダッシュ」とかなら日曜でも買えるので急ぐ必要はなし。そうやって購入しているから、私の家にはタオルがあふれている。白青ピンクのフェイスタオル以外に、このレース名タオルが山のようになっている。それでもまだ欲しいのが、他場で売られているデザイン違いのタオル。GⅠの日には他場でもレース名タオルが販売されているのだが、色やデザインが少し違っているのだ。これはオサムの目撃談なのだが、ダービーの日の京都競馬場で「くすんだ色」（オサム談）のタオルを見て、迷った末に買わなかったという。私、その話を聞くまで他場でもレース名タオルを売っているとは知らなかった。たとえば今回の有馬記念の例で言うと、中山で売られているタオルは、漢字で「有馬記念」と縦に書かれているが、阪神競馬場で売っていたタオルは横に「ARIMA　KINEN」と書かれたタオル。その裏バージョンまで集めだすときりがないので、手を出さないことにしている。

年内最終週は、金曜に中山競馬場で「有馬記念タオル」を購入し（無事にD賞が当たって、「2016年有馬記念」の刻印がついたボールペンを確保）、土曜は自宅でPAT。日曜は所用があったので午前中だけ東京競馬場に寄ってみた。「有馬記念タオル」を探してみたが、やはりなし。裏バージョンは開催中の他場でしか売っていないようだ。今週の痛恨は土曜阪神の最終レース。3歳上1000万下の芝1600m戦だが、⑨メイショウヤマホコがパドックで超ぴかぴかのでき。14頭立て13番人気の馬で、阪神成績も〔00012〕。これではなあと3番人気の③デルカイザーからばらばら買うと、私の本命が勝ち、その⑨がなんとなんと3着。2着は10番人気の⑦サイモンラムセスで、3連単がどかーんと100万。おいおい嘘だろ。私の本命を1着に置き、⑨を3着に置いて、2着欄を総流しにすれば、たったの1200円で100万円をゲットできたのだ。そんなバカな！

あとがき

競馬週刊誌「Ｇａｌｌｏｐ」に連載の「馬券の真実」を今年も1冊にまとめることになった。１９９５年の『外れ馬券に雨が降る』から本書でなんと23冊目である。よくもまあ続いたものだと我ながら感心してしまう。ここまできたら区切りのいい25冊まで頑張りたい。

本ができる前にゲラを読むのがこの業界の通例だが（もしも直しがあったらその段階で直すのである）、いつも感じることを今年もまた痛感した。それはこうだ。「1年前にこんなことがあったのか！」

1年もたつと、すべてが忘却の彼方にあるので、本当にこんなことがあったのかと思うことが少なくない。たとえば、ワイドをこんなにも買っていたとは知らなかった。馬連とかの馬券があまりに当たらないので、しょっちゅうワイド作戦を採用しているのである。しかもそれが当たっている！ ３連複にしていたら外れだったが、ワイドにして正解だった、と書いている箇所まであるのだ。いいなあこれ。このあとがきを書いているのは２０１７年の６月だが、負けが蓄積して大変なことになっている。もう競馬をやめたい心境なのである。やめないけど。今週からでもすぐにワイド作戦に切り換えたい。ただいま、そんな心境である。

もちろん記憶に残っていることもある。２０１６年は久々に新潟競馬場に行ったことだ。観戦に不向きということで（直線レースはスタンドから見ていると各馬の位置関係がよくわからないし、外回りもあまりに直線が長いので近くまで来ないと細部がわからない）、新潟競馬場は中央競馬全10場でワーストだと思っているのだが、それを除けば、米はホントに美味しいし、新潟はいいところである。新潟競馬場に行ったのは、グリーンチャンネルの「競馬場の達人」に出演するためなのだが、なんとボウズで大恥をかいた。しかもシゲ坊の自信の勝負レースに乗っておけば、函館最終で奇跡の大逆転だったのに、その勝負レースを忘れてしまうという痛恨のミス。私、本当に「持ってないやつ」である。

3連単は本書でもまったく買っていないが、これは前著でもそうだったろう。ここ数年、時折思い出したときに買うくらいで、ほとんど買ってない。ところが本書に珍しく3連単に関する記述があり、1頭→3頭→6頭（このうち3頭は2着に置いた3頭）のフォーメーションで15点との箇所があった。えっ、たったの15点なの？　単勝を1500円買うつもりならこのフォーメーションが面白いのではないか、というのだが、ホントに面白そうだ。2017年にひそかにやってみようかなというのがただいまの計画である。それ専門にするのではなく、ときどき採用するだけだが、これは1日のアクセントになっていいのではないかと、ただいまは勝手に考えている。

ここ数年の傾向は旅打ちが楽しくなってきたことで、2016年も各地に行っている。これは以前も書いたけれど、昔はあまり好きではなかったのだ。現地についてしまえば競馬友達がいるわけだからもちろん楽しいが、そこまでの移動が面倒なのである。新幹線や飛行機に乗りながら面倒くせえなと考えていた。ところが数年前から、移動している最中ですでにルンルンなのである。

２０１６年の新潟が楽しかったのも、ここ数年のその変化のためもあったような気がする。もしも以前の状態だったら、違う感想を抱いたのではないか。

しかし本書のゲラを読んでいちばんの反省は、カーっとなって無闇に突っ込み、自爆することが頻出していることだ。私が大負けするパターンの大半はこれである。それをこのバカは、返し馬を見るからいけないと何度も書いているが、悪いのは返し馬ではない。熱くなって自爆する性格がいちばんいけない。この行動パターンを直さないかぎり、本当のパンクが数年以内にやってくる。これはもう断言していい。２０１７年はもう６月に入り、すでに何度も自爆しているが、けっして手遅れではない。上半期はだめだったけど、下半期に改めればいいのだ。いいときに本書のゲラを読んだものだと感謝する次第である。

２０１７年６月

藤代三郎

藤代　三郎（ふじしろ　さぶろう）
1946年東京生まれ。明治大学文学部卒。ミステリーと野球とギャンブルを愛する二児の父。著書に、『戒厳令下のチンチロリン』（角川文庫）、『鉄火場の競馬作法』（光文社）、『外れ馬券に春よ来い』『外れ馬券に口笛を』『外れ馬券に微笑みを』『外れ馬券は夕映えに』『外れ馬券に祝福を』『外れ馬券は人生である』『外れ馬券に友つどう』『外れ馬券で20年』『外れ馬券が多すぎる』『外れ馬券は終わらない』『外れ馬券に乾杯！』（ミデアム出版社）。

外れ馬券を撃ち破れ

二〇一七年八月十日　第一刷

著者　藤代三郎
発行者　大島昭夫
発行所　株式会社ミデアム出版社
東京都渋谷区恵比寿四—四—二
電話　〇三（三四四四）七六二一
郵便番号一五〇—〇〇一三
印刷・製本　㈱ウイル・コーポレーション

ISBN978-4-86411-088-4　編集協力／㈱みずほ社
本文 DTP／トモスクラブ